LE

GOUVERNEMENT LIBÉRAL

EN FRANCE

LE GOUVERNEMENT LIBÉRAL

EN FRANCE

PAR

M. HENRI GALOS

EXTRAIT DE LA *REVUE DES DEUX MONDES*

LIVRAISON DU 1er SEPTEMBRE 1869

PARIS

IMPRIMERIE DE J. CLAYE

RUE SAINT-BENOIT, 7

1869

LE

GOUVERNEMENT LIBÉRAL

EN FRANCE

La France nouvelle, par M. PREVOST-PARADOL, 1 vol. in-8°, 1868.

Les élections de 1869, par l'agitation salutaire qu'elles ont imprimée au pays, ont soulevé un vent libéral qui pousse aux réformes. A peine le nouveau corps législatif était-il réuni que, malgré le but restreint fixé à la session extraordinaire, la vérification des pouvoirs, il se formait une majorité pour demander des modifications profondes à la constitution de 1852. Le gouvernement a voulu prévenir la discussion à laquelle aurait donné lieu l'interpellation des 116, si elle avait été déposée. Il avait deux puissantes raisons pour agir ainsi : d'abord il évitait de cette manière, soit de se montrer contraire aux vœux du pays en opposant à ses représentans une fin de non-recevoir tirée du sénatus-consulte de 1867, qui a interdit de discuter le pacte fondamental, soit de laisser la tribune législative donner l'exemple de la violation de cet acte constitutionnel ; la seconde raison était, tout en témoignant d'une conciliante déférence pour la volonté nationale, de s'emparer du mouvement libéral afin de le diriger et de le limiter. Le message impérial est donc intervenu le 12 juillet, et le sénat a été convoqué pour traduire en dispositions constitutionnelles les promesses contenues dans le programme tracé par l'empereur. Nomination de son bureau par la chambre élective, droit pour elle de faire son règlement intérieur, liberté d'amendement, liberté d'interpellation, initiative parlementaire, vote du budget par chapitres, compatibilité de la fonction de ministre avec celle de membre de l'une des assemblées délibérantes, publicité des séances du sénat, extension de l'action législative de cette assemblée, telles sont les principales concessions qu'a dû faire le pouvoir personnel. Le pas que nous franchissons est immense, et ce n'est pas sans quelque trouble que la France reprend l'œuvre qu'elle a entreprise il y a près d'un siècle. Elle sent que sa dignité et ses intérêts lui font un devoir de recommencer cette tâche interrompue, et qu'il y va de la conservation de son rang dans la marche de la civilisation de la mener à bonne fin. Plus heureuse que dans ses tentatives antérieures, parviendra-t-elle cette fois à constituer un gouvernement libre? L'expérience acquise à travers tous ses mécomptes suppléera-t-elle à l'ardeur qui l'animait lors de ses premières recherches d'un ordre politique nouveau? Saura-t-elle atteindre le but qu'elle s'était marqué dès l'origine de ses efforts, ou sera-t-elle entraînée au-delà? Est-elle condamnée à soulever continuellement le poids de sa destinée, pour en être incessamment accablée par de périodiques révolutions? D'un autre côté, les réformes libérales dont nous allons jouir sont-elles l'effet d'un octroi ou le résultat d'une conquête? Le pouvoir qui exerce en cette occasion la fonction constituante, c'est le sénat, et il est formé de membres nommés directement par le chef de l'état. Ce grand corps, tant qu'il ne sera pas recruté autrement, est donc sous la dépendance de l'empereur. Jusqu'à présent, il faut bien le reconnaître, le pouvoir constituant a été l'attribution la plus importante du pouvoir personnel. Quelle garantie avons-nous contre l'usage abusif de cette prérogative? Une seule, le plébiscite ou l'appel à la nation. Cette garantie n'est réelle que si le suffrage universel fonctionne avec des aptitudes de lumières et d'indépendance qu'il n'a pas complétement acquises encore, et dont il importe de le mettre en possession le plus tôt possible. Enfin la constitution de 1852 ne disparaît pas; elle reste la base de nos institutions. Or elle a été conçue dans la pensée de concentrer toute l'autorité dans les mains du chef de l'état. Peut-on avec quelques chances de succès y introduire le principe libéral? peut-on, sans en rompre l'économie, sans que les ressorts qui la mettent en action soient complétement changés, espérer qu'elle se plie aux exigences les plus naturelles d'un gouvernement de liberté? N'y a-t-il pas, entre l'intention très sincère qui inspire les réformes et l'instrument dont on est obligé de se servir pour les exécuter, une contradiction flagrante?

Ces questions pèsent sur l'opinion publique. Tout en reconnaissant ce qu'elles ont de grave, je crois qu'elles ne sont pas de nature à entraver notre marche dans la voie libérale, si nous nous y engageons avec résolution et fermeté. Les constitutions faites *a priori* n'ont pas réussi à la France. Pourquoi ne pas procéder par une méthode inverse? Pourquoi, à la manière anglaise, ne pas faire chaque jour notre œuvre constitutionnelle, en l'agrandissant, en la modifiant d'après les leçons de l'expérience? Pour pratiquer cette manière de procéder, il faut que l'esprit public ait toujours devant lui un idéal dont il poursuive la réalisation; il faut qu'il ait toujours en perspective les formes qui sont les conditions essentielles d'un gouvernement libre. Il est donc opportun de les préciser. Nous allons rencontrer des problèmes politiques qui ont été traités plus d'une fois; mais deux faits considérables se sont accomplis depuis qu'ils ont été soulevés, et leur donnent un aspect qu'ils n'avaient point à l'origine. Je veux parler de l'expérience parlementaire tentée de 1830 à 1848 et de l'avénement du suffrage universel.

Le gouvernement parlementaire aboutissant à un échec après un règne de dix-sept ans qui ne fut pas sans éclat et malgré les circonstances favorables qui semblaient devoir en assurer le succès, malgré la sagesse et l'habileté d'un roi identifié par son éducation et ses malheurs avec toutes les idées modernes, malgré le talent des hommes préparés par les luttes de la restauration au régime de la liberté, — un tel résultat ne nous oblige-t-il pas à rechercher les causes de cet avortement? Le suffrage universel, base désormais de tous les pouvoirs, ne nous force-t-il point à introduire des changemens radicaux dans les institutions qui naguère avaient leur fondement sur le suffrage restreint? Le mécanisme parlementaire, pour s'harmoniser avec la démocratie, n'a-t-il pas besoin d'étendre ses ressorts et de fonctionner plus à l'aise qu'il ne le faisait autrefois? Notre organisation administrative se prête-t-elle ou nuit-elle à l'expansion de la vie politique qui doit circuler dans tout le corps de la nation, puisque c'est à la nation qu'appartient la souveraineté dans une société libre et démocratique? Les problèmes d'organisation politique discutés par notre première assemblée constituante empruntent donc aux deux événemens auxquels je viens de faire allusion de nouvelles conditions dont il faut tenir compte pour que la solution soit en rapport avec le temps où nous sommes.

I.

L'état de notre société est un état démocratique. Il s'agit de constituer un gouvernement en rapport avec la société, c'est-à-dire qui soit démocratique comme elle. Il existe une école qui croit qu'un gouvernement démocratique peut être personnel, c'est-à-dire concentrer dans les mains du chef de l'état tous les moyens d'action sur la politique intérieure et sur la politique extérieure. A cette école, on peut opposer celle qui veut la même concentration de pouvoirs dans une assemblée élue par la nation. L'une et l'autre professent le despotisme, manié par un seul homme ou par plusieurs. Que dans des momens de crise on ait recours à un homme de génie capable d'exciter et de diriger toutes les forces vives de la nation, comme Bonaparte, ou à une assemblée unique, comme la convention, autorisée par la gravité même des circonstances à imposer son autorité aux populations, les animant de sa passion patriotique, les enflammant d'un héroïque enthousiasme pour la défense nationale, on le comprend. Hors ces cas extrêmes, l'une et l'autre de ces dictatures ne sont pas dignes du nom de gouvernement, car elles ne s'établissent que par l'abdication du pays, renonçant à tout ce qui fait en temps régulier sa force et sa grandeur. Négligeons donc ces situations anormales, et recherchons les conditions d'un gouvernement libre approprié à une société démocratique telle que la nôtre.

D'abord la base fondamentale de ce genre de gouvernement, c'est le suffrage universel. Est-ce un moyen, est-ce un obstacle à la constitution d'un gouvernement libre? C'est ce qu'il importe d'examiner. Je ne veux pas discuter le suffrage universel. Il est considéré comme une conquête, et toute tentative faite pour le restreindre ou le paralyser prendrait le caractère d'une réaction. Toutefois, sans lui manquer de respect, on peut bien dire que, comme Louis XIV, il est arrivé à la souveraineté sans y avoir été préparé par son éducation. A le prendre dans sa valeur intrinsèque, il est légitime : rien de plus juste et de plus moral que d'appeler tous les citoyens à choisir des représentans auxquels ils délèguent le droit de gérer pour eux la chose publique; mais la théorie, pour être appliquée avec succès, exige certaines conditions pratiques. Tous les membres de la société qui participent au droit de la souveraineté devraient posséder les lumières et l'indépendance, sans lesquelles leurs suffrages perdraient tout leur prix. Or ces deux conditions n'ont pas été préalablement remplies; il en résulte une période de transition qu'il faut traverser pour arriver à la pleine jouissance d'un gouvernement libre. Cette période sera plus ou moins longue, selon que le pouvoir voudra seconder ou arrêter le développement de nos mœurs politiques. Les lumières, il ne dépend pas seulement de la bonne volonté des populations de les acquérir; il faut qu'elles y soient aidées et provoquées par un concours de mesures législatives, par tous les modes d'enseignement, instruction populaire, instruction secondaire, instruction professionnelle, cours publics, conférences sur toutes les matières d'intérêt général; il faut la liberté la plus complète d'ériger des chaires, d'instruire la foule, de mettre à sa portée les connaissances usuelles, de redresser ses erreurs, de lui signaler les améliorations qu'elle a le droit de réclamer. Ce vaste travail d'éducation politique ne peut s'accomplir que par l'exercice de deux libertés : la liberté sans restriction de la presse et la liberté absolue du droit de réunion. Sans doute l'application de ces moyens est accompagnée de certains inconvéniens; mais il est temps de ne plus se faire illusion, c'est à prendre ou à laisser : on doit s'armer d'une vertu virile pour être citoyen d'un pays qui veut se gouverner lui-même; on doit braver quelques dangers pour jouir des bienfaits de la liberté.

La seconde condition du suffrage universel, l'indépendance, n'est pas moins difficile à remplir. Par une anomalie qui est peut-être la cause principale de nos échecs dans les essais d'un gouvernement libre, nous avons encadré nos institutions libérales dans des formes monarchiques. La constituante et la convention, tout en opérant les réformes les plus radicales dans toutes les parties de l'organisation politique, laissaient intacte l'organisation administrative, telle qu'elle s'était constituée pour asseoir le pouvoir royal et affermir l'unité nationale par un travail de trois siècles. La constituante entrevit la contradiction que je signale, et voulut confier l'administration départementale à une réunion peu nombreuse de personnes désignées par l'élection; mais elle le fit d'une manière bien incomplète, car elle se préoccupa particulièrement de maintenir cette action administrative sous la subordination du pouvoir central. Quant à la convention, loin de s'irriter du contre-sens, elle s'y livra avec d'autant plus d'abandon que, dans la concentration des ressorts administratifs, elle trouvait la force d'imposer ses terribles mesures et de les faire exécuter. A cette époque, quelles que soient les apparences, la plupart des fonctionnaires locaux étaient nommés par l'autorité de Paris plutôt qu'élus par les populations de la contrée, car Paris dominait la France au moyen de ses clubs et des commissaires que les comités révolutionnaires envoyaient dans les départemens. La création des départemens n'a donné à ces fractions du territoire national ni intérêts propres, ni individualité distincte; elle n'a été pour le gouvernement qu'un moyen plus facile d'administrer.

Les conseils de département durèrent peu. Ils furent supprimés par la convention nationale (I) et bientôt après remplacés par un

<hr>

(I) Loi du 14 frimaire an II.

commissaire chargé d'inspirer et de guider l'administration départementale (1). Le directoire, puis l'empire, avec une logique que ne sauraient invoquer à leur décharge les gouvernemens qui les ont suivis, ont poussé ce système jusqu'à ses dernières conséquences. Le premier consul, qui avait le génie du pouvoir personnel, remit l'administration du département à un agent unique, le préfet, et celle des arrondissemens, qui remplacèrent les districts, à un sous-préfet (2). Plus tard, pendant le consulat à vie, Bonaparte s'arrogea le droit de nommer seul les conseils-généraux et les conseils d'arrondissement. Grâce à des combinaisons semblables s'appliquant à tous les degrés de l'organisation administrative, la France entière, pendant l'empire, n'agit que sous la main d'un seul homme et ne pensa que selon sa volonté. La restauration et le gouvernement de juillet, quoiqu'ils eussent plus ou moins l'intention de donner à notre pays des institutions libérales, restèrent dans ces erremens. Ils conservèrent presque intact l'ordre administratif qui leur avait été légué. Cette opiniâtreté dans l'erreur n'est pas le fait seul des gouvernemens : les esprits les plus libéraux d'alors, fidèles à la pensée que l'homogénéité des intérêts et la fusion des provinces étaient dues à la centralisation, ne voulaient admettre rien qui lui fût contraire. Aujourd'hui, même pour les partisans passionnés de l'unité française, cette œuvre non-seulement est achevée, mais fortement consolidée. On peut donc rechercher s'il n'est pas possible, par d'utiles modifications, de mettre notre système administratif en harmonie avec les nécessités d'un gouvernement libre.

Nous n'hésitons pas à dire que le suffrage universel n'acquerra son indépendance que par une réforme radicale de notre organisation administrative. Comment espérer la liberté des élections, lorsqu'une armée de fonctionnaires, d'agens de toute nature, qui vivent par le gouvernement, qui attendent de lui leur avancement, la récompense de leur zèle, qui espèrent et craignent tout du pouvoir central, enserre le pays entier? Un mot lancé par ce maître tout-puissant est du haut en bas de la hiérarchie comme le commandement d'un chef pour les troupes les mieux disciplinées. On ne le contrôle pas, on ne le discute pas; on l'exécute. Et à son tour quelle influence puissante ce corps de fonctionnaires n'exerce-t-il pas sur les populations! Cet état de choses est non-seulement la négation de l'indépendance du suffrage universel, mais aussi un obstacle à la formation de nos mœurs publiques. Jamais un peuple libre ne pourra vivre avec une pareille organisation, jamais l'opinion publique ne circulera avec assez de force pour être le véritable

(1) Constitution du 5 fructidor an iii.
(2) Loi du 25 pluviôse an viii.

moteur des destinées du pays. Liberté et administration laissée à la discrétion du pouvoir sont des termes contradictoires. L'histoire ne nous présente l'exemple d'aucun peuple où la liberté ait fleuri sous un tel régime.

Nous avons sous les yeux deux grandes nations qui possèdent dans toute leur sincérité les institutions libérales, l'Angleterre et les États-Unis. En Angleterre, tous les services essentiels, routes, chemins, hospices, écoles, sont confiés à des personnes élues, ou bien sont attachés d'une manière obligatoire à certaines positions indépendantes occupées par de grands propriétaires. Sans doute ceux à qui appartiennent ces positions et qui dirigent ces services ont une influence. Ils s'en servent en temps d'élection, non dans l'intérêt du gouvernement, dont ils ne relèvent à aucun titre, mais dans celui de leur parti. Le gouvernement reste en dehors de l'arène; il n'y a aucun rôle, n'étant rien par lui-même, si ce n'est un instrument destiné à passer dans les mains du parti qui rallie la majorité du parlement.

Aux États-Unis, l'organisation administrative prend son point de départ dans la commune. Ainsi que le fait observer judicieusement M. de Tocqueville, les institutions communales sont à la liberté ce que les écoles primaires sont à la science : elles la mettent à la portée du peuple et l'habituent à s'en servir. Les fonctions publiques sont extrèmement nombreuses et divisées dans la commune américaine. Cependant les pouvoirs administratifs proprement dits y sont concentrés dans un petit nombre de mains. Chaque année, les habitans élisent des magistrats ou agens locaux qu'on nomme *select-men*. L'assemblée communale choisit en même temps une foule d'autres officiers municipaux. Les uns, en qualité d'assesseurs, doivent établir l'impôt; les autres, sous le nom de collecteurs, doivent le percevoir. Un fonctionnaire appelé *constable* est chargé de veiller sur les lieux publics et d'assurer l'exécution matérielle des lois. Un autre, le greffier de la commune, enregistre toutes les délibérations et tient note des actes de l'état civil. Un caissier garde les fonds communaux; enfin des inspecteurs sont préposés à la grande et petite voirie, et des commissaires surveillent les écoles. Ces fonctions sont rétribuées, afin que chaque personne jugée capable de les remplir puisse, par l'élection, être légitimement tenue de les exercer. Une responsabilité y est attachée, mais la seule admissible dans un état libre, celle du blâme ou de l'approbation des citoyens. En aucun cas, ceux qui sont investis de ces charges ne sont les instrumens d'un pouvoir supérieur.

On comprend que, dans un pays où règne un tel état de choses, il existe des mœurs civiques; le fonctionnaire est avant tout un citoyen, tandis qu'avec notre organisation le fonctionnaire efface le citoyen. Ce n'est pas tout encore que cette chaîne administrative qui emmaillotte la France, qui relâche ou entrave ses mouvemens, qui lui donne plus de jeu ou la resserre jusqu'à l'oppression suivant la volonté de son gouvernement; il y a de plus l'esprit monarchique, conservé par habitude malgré toutes nos révolutions. Cet esprit n'admet pas que quelque chose se fasse dans le pays sans l'intervention du pouvoir. Le peuple français, soigneusement accoutumé par la royauté à tout attendre de ceux qui le gouvernent, se complaît dans la douce confiance que, — sauf pour ses intérêts domestiques, son labeur professionnel et ses affaires de famille, — tous ses besoins seront satisfaits par la sollicitude administrative; il laisse même quelquefois cette intervention franchir le seuil du domaine privé. Qu'on juge avec une telle disposition de l'ascendant des représentans à tous les degrés de l'autorité centrale! Aussi que voit-on au moment d'une élection? Sous la direction imprimée par le gouvernement, à partir du conseil municipal jusqu'au corps législatif, tous les agens du pouvoir central spéculent sur les convoitises des populations : ici ils promettent un chemin, une église, des subventions pour créer des écoles, des halles, pour construire une bourse, un théâtre; là ils s'engagent à ouvrir une voie de communication, un chemin de fer, un canal. Le trésor public se répand en monnaie électorale sous les formes les plus variées. Aussi le plus souvent n'est-ce pas la question de politique générale qui se pose devant le scrutin. Les électeurs, au lieu de se demander quel est celui des candidats dont le talent et le caractère exerceront l'influence la plus salutaire sur la marche du gouvernement, se demandent quel est celui qui, par la nature de ses relations avec le pouvoir, obtiendra la plus large satisfaction de leurs besoins locaux. Les conséquences de cet ordre de choses ne sont que trop faciles à tirer : action décisive du gouvernement sur le personnel électoral, sujétion de l'esprit politique à l'esprit de clocher, corruption systématique des mœurs publiques, annihilation de toute initiative individuelle ou locale au profit de l'autorité centrale.

Ici se présente donc dans toute sa gravité le problème de la centralisation. Malheureusement il existe une vive et longue controverse entre des esprits également et sincèrement animés du sentiment libéral. Les uns, et chaque jour leur nombre augmente, croient que, pour assurer la liberté, il est nécessaire de détendre les liens administratifs, de répandre la vie politique dans les campagnes aussi bien que dans les villes, de former des citoyens par le maniement et la surveillance des intérêts locaux. Les autres au contraire pensent que dépouiller l'état de sa puissance au profit des départemens et des communes, c'est émietter la force nationale, rompre le faisceau si laborieusement noué de l'unité française, dissoudre cette cohésion que nous envie l'Europe et qui nous rend si redoutables à ses yeux. Ces préoccupations patriotiques méritent d'être discutées.

Une pareille discussion ne peut s'engager avec les démocrates autoritaires. Ce parti, soit qu'il relève de la convention, soit qu'il relève du premier empire, pourvu que la démocratie soit couronnée, se soucie peu de la liberté. Il met volontiers le sort du pays dans les mains d'un chef et lui confie le soin de tout niveler, de soumettre les volontés individuelles et d'absorber tous les droits dans ses prérogatives : c'est la nation faite homme. Je n'ai pas à discuter cette théorie monstrueuse, conçue au profit d'un prétendu principe d'égalité, car elle conduit à l'asservissement et non à la liberté. Le débat ne peut s'engager utilement qu'avec ces hommes honnêtes, mais trompés par les illusions d'une fausse grandeur nationale, qui croient que la centralisation, conciliable avec la liberté, est le moyen et la fin de toute civilisation.

La France, disent-ils en empruntant un terme allemand, est, par droit historique, une nation centralisée. Bons ou mauvais, les régimes se succèdent chez elle; les rois s'en vont, mais la centralisation reste. Vouloir contrarier cette vocation nationale, c'est aller contre la nature des choses. L'esprit français est encore en réaction contre le moyen âge, sous l'empire du terrible souvenir des guerres intestines, des abus monstrueux de cette époque; il est persuadé que c'est à l'intervention de la royauté qu'il doit d'avoir été délivré de tous ces maux. Constituer des souverainetés locales, à quelque titre que ce soit, c'est remonter vers ce passé, c'est restaurer un despotisme d'autant plus intolérable qu'il s'exerce plus près de ceux qui lui sont soumis. Les partisans de la centralisation ne s'en tiennent pas à ces généralités; ils entrent dans le détail. Est-il bon, ajoutent-ils, que les communes soient souveraines pour la gestion de leurs biens et dans l'emploi de leurs ressources? Non, si on veut éviter l'injustice. Quelle garantie offre une assemblée qui ne relève que d'elle-même, et contre laquelle on ne peut exercer aucun recours? Quoi! l'ordre judiciaire a été conçu de manière à soumettre les contestations de particulier à particulier à deux degrés d'examen afin d'éviter les erreurs et les surprises, et lorsqu'il s'agit d'appliquer le droit administratif, on supprimerait cette précaution si sage et si salutaire! Pourquoi refuser à l'intérêt collectif la garantie d'une double discussion et d'un double jugement donnée à l'intérêt individuel? Il ne peut y avoir de souveraineté que celle de la nation; autrement on crée une multitude de petits états dans l'état. La centralisation unit étroitement toutes les parties du territoire, et leur imprime un mouvement d'ensemble qui les fait marcher du même pas dans la voie du progrès; les ressources de toutes, régulièrement recueillies, profitent à toutes, et les sacrifices à supporter par chacune d'elles sont calculés dans la proportion des satisfactions accordées à leurs besoins. C'est l'ordre, la justice et la vraie liberté.

A ces considérations, les défenseurs de notre régime administratif en ajoutent d'autres d'un ordre plus élevé. L'unité nationale, qui ne se maintient que par la centralisation, est, disent-ils, un rempart formidable contre les rivalités ou les hostilités des puissances étrangères. Dans les momens de danger, point de faiblesse partielle, point d'égoïsme local; le sentiment qui anime le gouvernement se répand, comme par une chaîne électrique, dans tous les membres du corps social; l'esprit qui l'agite porte son frisson patriotique jusqu'aux extrémités du territoire. Par aucune brèche, par aucune fissure, l'influence étrangère ne peut pénétrer pour altérer ou engourdir un pays ainsi constitué. C'est à cette organisation que nous avons dû en 93 l'élan unanime de nos populations courant aux frontières pour défendre le sol de la patrie. Un seul appel se fit entendre, une seule voix provoqua cet enthousiasme héroïque qui en quelques jours créa douze armées et sauva notre indépendance. C'est cette homogénéité qui nous assure le premier rang parmi les nations; c'est elle qui explique l'ascendant de notre politique dans les rapports internationaux; c'est par elle qu'en maintes occurrences nous avons pu résister aux forces coalisées de l'Europe. Tous les peuples, pour contre-balancer notre prépondérance, travaillent par des rapprochemens plus artificiels que naturels à former de grandes agglomérations. Et c'est cette supériorité qu'il s'agirait pour nous d'abdiquer précisément quand on nous la dispute, et cela pour des idées de liberté qui, même satisfaites, ne valent ni la grandeur ni l'indépendance du pays!

L'exemple des États-Unis, ajoute-t-on, n'a rien à faire dans cette discussion. La république américaine est un état fédératif, et comporte par sa nature la décentralisation. De plus cette grande nation, par sa position géographique, est à l'abri des dangers dont il vient d'être question. Quant à l'Angleterre, que l'on cite aussi, qu'on y regarde de près, et on reconnaîtra que, si la réunion de trois peuples de race et de mœurs différentes est un obstacle à ce qu'elle forme un seul corps de nation, elle s'étudie chaque jour avec énergie et persévérance à corriger ce vice originel de sa constitution territoriale. Pour seconder l'essor de l'industrie, de l'agriculture et de la population, le gouvernement de la Grande-Bretagne étend constamment son domaine, il multiplie les règlemens et les lois sur des matières qui naguère étaient livrées à l'initiative des individus ou des localités. Les corporations elles-mêmes perdent successivement leurs attributions au profit du pouvoir central : c'est le gouvernement qui nomme les comités de la salubrité publique, les inspecteurs des manufactures, les inspecteurs des poids et mesures, ceux des mines, enfin les commissaires des clôtures. La race anglo-saxonne, si spontanée, si individuelle, si portée à l'isolement, n'échappe donc pas à la loi générale; elle fait violence à ses instincts, et confie au pouvoir central le soin d'accomplir les améliorations sociales réclamées par les besoins et les lumières de notre époque.

Telles sont les principales objections qu'on élève contre l'idée d'une réforme de notre système administratif (1). Si elles étaient fondées, il faudrait renoncer à l'espoir d'établir en France sur des bases solides un gouvernement libre. Heureusement il n'en est pas ainsi. D'abord on donne à cette réforme une portée qu'elle n'a pas; on veut qu'elle ait pour résultat de créer l'autonomie des communes, et l'on nous en déroule avec effroi toutes les terribles conséquences. Or les partisans les plus résolus des libertés municipales ne songent nullement à leur sacrifier les droits de l'état. Ils disent seulement que, par la nature même des choses, il y a une distinction à faire entre ce qui touche à l'intérêt local et ce qui tient par un côté quelconque à l'intérêt général. Cette répartition leur semble fixer d'une manière bien précise le domaine de l'état et celui de la commune. Tout le monde reconnaît qu'on ne peut pas laisser au libre arbitre de cette dernière les services qui alimentent la vie sociale, tels que le culte, l'instruction publique, les hospices, la grande vicinalité, pas plus que les richesses naturelles du domaine public, comme les mines, les rivières, les cours d'eau, les forêts, les terres vagues. Ce sont là des matières qui doivent êtres régies au point de vue non d'une partie, mais de l'ensemble du peuple, et elles appartiennent essentiellement à la législation générale. La commune est, comme l'individu dans la société, limitée dans ses droits. Elle a fait, pour être admise dans la nation, l'abandon implicite d'une partie de sa liberté. Elle n'est pas souveraine, puisqu'elle ne peut suffire par elle-même à sa défense et à ses besoins.

Nous aboutissons ainsi à une question d'utilité, à une classification plus ou moins large des attributions soit communales, soit départementales, mais non à un droit de souveraineté, comme on prétend l'établir pour en faire découler des conséquences monstrueuses. Les conseils municipaux n'ont d'autres droits que ceux qui appartiennent aux majorités dans un pays où le régime électif et représentatif fonctionne régulièrement. On craint, dit-on, que la majorité n'opprime la minorité et ne commette sur les individus des usurpations pour le moins aussi illégitimes que celles de l'état sur la commune. Vaut-il mieux que la minorité paralyse et annule la volonté de la majorité? Si la volonté de la majorité n'était pas accep-

(1) Voyez notamment le livre intitulé *l'Individu et l'État*, de M. Dupont-White, où ces idées sont développées avec talent.

tée comme rationnelle et légitime, où en serions-nous? Quel moyen aurions-nous de résoudre une question impliquant plusieurs intérêts, d'amener une assemblée plus ou moins nombreuse à une délibération utile, de donner aux corps constitués un organe officiel, au suffrage universel lui-même une autorité incontestable lorsqu'il est appelé à constituer le gouvernement ou à élire les représentans du pays? Sans ce principe, l'organisation politique n'est pas possible, car la société ne vit que par la subordination des minorités à la majorité. Maintenant je reconnais que dans plusieurs cas il peut être sage de se réserver un moyen d'appel contre les décisions d'une majorité; mais n'est-il pas possible d'assurer ce recours en organisant la représentation locale à tous ses degrés? Quoi de plus naturel que de soumettre à un conseil d'arrondissement élu les décisions d'une commune qui fait partie de cet arrondissement, à un conseil-général les délibérations d'un conseil d'arrondissement compris dans le même département? Ce sont des corps électifs superposés les uns aux autres, qui s'observeraient et se contrôleraient les uns les autres, et qui offriraient d'autant plus de garanties d'impartialité qu'ils seraient désintéressés dans la question à eux soumise.

Aujourd'hui qu'arrive-t-il? Une délibération est prise par un conseil municipal. Si elle contrarie les vues de l'administration, le préfet la frappe de son *veto*. Voici l'action municipale paralysée. C'est un pouvoir non élu qui neutralise l'initiative d'un pouvoir élu; un fonctionnaire qui ne discute pas annule le résultat d'une discussion, et cela dans un pays constitutionnel dont la condition essentielle est ou doit être la prépondérance de l'opinion! Que le conseil municipal réclame contre l'arrêté du préfet, à qui s'adresse-t-il? Dans la plupart des cas, au ministre de l'intérieur. Celui-ci, mis en demeure de se prononcer dans un différend entre son délégué et l'organe de la commune, se trouve porté, par la confiance que lui inspire son représentant, à lui donner raison. D'ailleurs l'esprit administratif a ses préventions contre les corps électifs. Il cède involontairement, quand ce n'est pas systématiquement, à la tentation naturelle de les refréner et de les dominer. A cette tendance, que de fois il se joint d'autres vues, d'autres passions! Celles par exemple d'empêcher des hommes politiques d'acquérir une popularité dont ils pourraient se servir au moment des élections au corps législatif. Du maire au préfet, du préfet au ministre de l'intérieur, tous les efforts se coalisent pour déterminer l'annulation de délibérations présentant en perspective un tel danger. Singulier recours que celui qui s'exerce dans de pareilles conditions! Tout le monde a encore présent à l'esprit ce qui s'est passé à Toulouse lorsque le conseil municipal élu de cette ville prit un ensemble de résolutions qui renversait un plan de travaux publics dont la population ne voulait pas. — Qu'un litige s'élève en matière administrative, il est porté devant le conseil de préfecture. Quels sont les juges qui prononcent? Des personnes fort honorables sans doute, mais nommées par le ministre de l'intérieur, partageant ses préoccupations, peu disposées, comme lui, à donner tort à celui qui le représente, c'est-à-dire au préfet. Ici, il est vrai, on peut former un appel, mais devant quelle autorité? Devant le conseil d'état, dont les membres sont choisis par le souverain, le chef suprême de l'administration. Le pouvoir administratif est donc certain d'avoir toujours le dernier mot. Sans pousser la logique à outrance, on peut dire que, placé sous sa main, le pays n'agit, ne respire que dans la mesure de sa volonté.

Il serait trop long d'examiner avec quel art la centralisation a maintenu son empire sur la France. Qu'on lise les lois de 1833, de 1838, de 1866 sur les conseils-généraux, celle de 1867 sur les conseils municipaux; dans toutes, avec plus ou moins de réserve, se manifeste la même défiance des représentations locales, la même ambition de conserver au gouvernement le moyen de les contenir, de les réprimer, de les annihiler au besoin. On a fait grand bruit d'un décret du 25 mars 1852 qui affichait l'intention de relâcher les liens administratifs. On lisait dans un des considérans : « Attendu qu'on peut gouverner de loin, mais qu'on n'administre bien que de près, qu'en conséquence autant il importe de centraliser l'action gouvernementale de l'état, autant il est nécessaire de décentraliser l'action administrative, — les préfets statueront sans l'intervention du ministre de l'intérieur sur les questions dont la nomenclature est déterminée dans un tableau annexé. » Cette nomenclature est longue. Le même décret donne aux préfets le droit de nommer une classe d'employés et d'agens qui étaient autrefois au choix du ministre de l'intérieur. Cette prétendue concession accroît l'influence des préfets. Du point de vue d'où nous examinons cette question, c'est plutôt une augmentation qu'une diminution de la force administrative.

La loi de 1866 sur les attributions des conseils de département a eu la même prétention. Elle a bien délié quelques nœuds de la chaîne administrative, mais ce serait une étrange illusion de croire qu'elle a constitué pour les départemens une véritable indépendance. Avec quel soin au contraire elle écarte de ses dispositions tout ce qui pourrait avoir quelque efficacité politique! Elle refuse aux assemblées départementales la nomination de leur président, de leur vice-président et de leurs secrétaires, le droit de mentionner dans les procès-verbaux des séances le nom des membres qui ont pris part à la discussion et à plus forte raison celui de vérifier les pouvoirs de ceux qui sont appelés à siéger, l'autorisation de prendre copie des délibérations et de les rendre publiques; enfin on n'a pas voulu leur concéder une institution qui fonctionne avec grand succès en Belgique, celle d'une commission permanente élue, investie du mandat de veiller, dans l'intervalle des sessions, à l'exécution des décisions prises. On a vu dans cette innovation si modeste une menace d'empiétement sur le domaine administratif. Pour les communes, mêmes préventions. Le gouvernement s'est réservé la faculté, non-seulement de prendre le maire en dehors du conseil municipal, mais encore de frapper ce conseil municipal d'une sorte d'interdit, et de le remplacer par une commission administrative qu'il compose à son gré.

On cite l'Angleterre, qui chaque jour agrandit l'influence de la direction centrale, comme la preuve que c'est la tendance de la civilisation. Oui sans doute, il se manifeste dans ce pays des besoins auxquels il n'est possible de satisfaire que par des mesures générales. Ce sont des cas exceptionnels. L'Angleterre est couverte d'églises, d'écoles, d'hospices, de bourses, de marchés, de théâtres, bâtis et entretenus au moyen de cotisations volontaires, de routes et de ponts construits par des particuliers qui sont autorisés à y percevoir un péage. Ces œuvres s'accomplissent sans le concours du gouvernement, sans même celui des bourgs et des comtés. L'indépendance fait naître l'émulation, et nulle part on ne professe plus fidèlement qu'en Angleterre la maxime : aide-toi, le ciel t'aidera. Il faut que l'entreprise sollicitée par les besoins publics dépasse les forces individuelles ou celles de l'association privée pour que l'état sorte de son immobilité et se charge de la mener à bout. Je dis l'état et non l'administration. C'est ainsi que le paupérisme, l'émigration, la clôture des terres, le drainage, la surveillance du travail dans les manufactures, les chemins de fer, les canaux, sont autant de matières dont le gouvernement se saisit pour en faire l'objet de *bills personnels et locaux* qui sont soumis, à l'ouverture de chaque séance, au parlement anglais. Ces bills décident en même temps du mode d'exécution, désignent les magistrats, les commissaires, les inspecteurs, qui en dirigeront et en surveilleront l'application. Toutes ces questions ne sont pas résolues au bénéfice de l'administration, car on peut dire qu'il n'existe pas d'administration en Angleterre; les agens que les actes du parlement mettent en exercice ne sont pas sous la dépendance du ministre de l'intérieur, ils ne forment pas comme chez nous une armée disciplinée; ils relèvent uniquement du service spécial auquel ils sont attachés. Aussi ne sont-ils jamais détournés de leurs fonctions pour se mêler aux luttes politiques dans l'intérêt du gouvernement.

Maintenant est-il vrai que la centralisation soit l'élément essentiel de la puissance et de la grandeur d'une nation? L'observation n'enseigne-t-elle pas que l'individu tient avant tout au fruit de son travail, à l'œuvre de ses soins, que ce qui excite sa sollicitude quotidienne devient l'objet de ses affections? Pour lui, la patrie est le champ qu'il cultive, les amis qui l'entourent, la mairie où est enregistrée la naissance des êtres qui lui sont chers, l'église où il adresse à Dieu ses prières, le cimetière où reposent les restes de ceux qu'il a aimés. Laissez-le se mouvoir dans cette sphère étroite, permettez-lui de la rendre plus conforme à ses convenances, de l'embellir selon ses goûts, et avec son activité s'agrandira l'amour qu'il lui porte. Tel est le véritable patriotisme pour la foule qui compose le suffrage universel. Ce sentiment s'élève et s'étend chez ceux-là seuls qui, par leurs lumières, leur position et leurs occupations, se font un horizon social et politique plus étendu. L'idée abstraite de patrie pour la multitude se réduit à des proportions locales et individuelles. Fénelon a dit : « J'aime ma famille plus que moi, mon pays plus que ma famille, l'humanité plus que mon pays. » Langage d'apôtre et de philosophe, qui n'est pas celui des citoyens sur la place publique. Constater ce fait, ce n'est pas ériger l'égoïsme en vertu politique, c'est tenir compte des instincts de l'homme. Ce qui agit le plus puissamment sur l'individu, c'est ce qu'il voit, c'est ce qu'il fait journellement, c'est le milieu où il vit, où est le centre de ses affections les plus intimes.

Tous les partis sont intéressés à l'émancipation locale ; car sans elle les plébiscites auront beau succéder aux plébiscites, le suffrage universel, dominé par l'administration, restera une machine qui, à moins d'explosion, obéit invariablement à celui qui la manie. Les hommes qu'un coup de force, qu'une révolution met au pouvoir sont alors sûrs de ne trouver nulle part de résistance, parce que nulle part n'existent ces organisations indépendantes capables de servir de point de ralliement aux populations troublées ou menacées dans leurs sentimens et leurs intérêts. Voilà l'explication de ces bouleversemens, si fréquens depuis un siècle, qui empêchent la France d'asseoir définitivement sa constitution politique ; voilà la cause de cette émulation maladive qui anime tous les partis de la criminelle pensée de se renverser mutuellement par la violence, de s'imposer à la nation en vainqueurs et non en représentans sincères de sa volonté. Il est donc indispensable que désormais la commune, le canton, l'arrondissement et le département aient une personnalité politique, et ne soient plus une simple expression géographique, un cadre uniquement destiné à rendre l'administration plus facile. Cette réforme aurait pour effet de satisfaire sur place de légitimes ambitions qui se consument aujourd'hui dans le mécontentement et l'obscurité ou qui assiégent inutilement les avenues encombrées du pouvoir central, d'intéresser un grand nombre de citoyens à la chose publique, de répandre par la pratique et par l'exemple les salutaires habitudes de libre discussion et de responsabilité personnelle jusque dans les rangs les plus humbles de la nation.

Les conditions de la réforme administrative peuvent donc se résumer ainsi : — se rapprocher le plus possible du système anglais en réservant au corps législatif le soin d'arrêter les mesures qui embrassent des intérêts sociaux, ou sont destinées à réaliser des améliorations réclamées par le pays tout entier; donner faculté au corps législatif de se faire assister dans cette mission par un conseil d'état dont les membres seraient élus par lui et non désignés par le chef de l'état; soumettre l'administration des préfets, quant à l'exécution des délibérations des conseils-généraux, au contrôle d'une commission permanente ne relevant que de l'assemblée départementale; élargir les attributions des conseils municipaux, des conseils d'arrondissement et des conseils-généraux, de manière qu'ils gèrent avec indépendance les affaires de leur ressort; organiser un mode de recours du degré inférieur au degré supérieur dans les représentations locales, jusqu'au corps législatif pour les décisions des conseils-généraux; en cas d'empiétement d'un de ces corps sur l'autre, d'incompétence quant à la matière, d'usurpation sur les pouvoirs d'un fonctionnaire, renvoyer le conflit devant le conseil de préfecture avec droit d'appel devant le conseil d'état; retirer au gouvernement la faculté exorbitante de former à son gré les circonscriptions électorales et la remplacer par une circonscription légale qui pourrait être l'arrondissement; donner des guides et comme des moniteurs au suffrage universel en multipliant autant que possible les fonctions électives, conseillers d'état, présidens et secrétaires des conseils-généraux, conseillers de préfecture, maires, membres de la commission permanente de département, inspecteurs des hospices, inspecteurs du travail dans les manufactures, instituteurs primaires désignés par les conseils municipaux. Tous ces fonctionnaires inspireront de la confiance aux populations, et exerceront sur elles une légitime influence quand ils tiendront leur titre du suffrage de leurs concitoyens. Cette organisation nouvelle ne serait cependant qu'une machine inerte, si elle n'était pas abondamment pourvue d'un souffle de vie politique. Une presse libre et l'exercice constant du droit de réunion, tel est le foyer de la force motrice qui lui assurera toute sa puissance.

II.

Je viens d'établir les bases du gouvernement libéral que veut la France; il s'agit maintenant de savoir ce qu'on édifiera dessus :

sera-ce un gouvernement républicain? sera-ce une monarchie constitutionnelle? Quels seront les organes principaux de ce gouvernement, quel qu'il soit?

Toutes les institutions humaines contiennent, comme le remarque très judicieusement M. Prevost-Paradol dans son livre de *la France nouvelle*, un mélange de fiction et de vérité; « c'est le reflet même de l'esprit qui les conçoit. » Le pouvoir monarchique, personnel ou absolu, repose, dit-il, sur cette idée, qu'une même famille enfante à chaque génération un homme capable d'exercer la souveraineté avec sagesse et intelligence; l'histoire n'a pas vérifié cette hypothèse. Le gouvernement aristocratique s'appuie sur cette autre idée, que certaines familles, mises par les lois au-dessus de la déchéance et du besoin, produisent d'une manière régulière l'élite morale et politique de la nation. Or jusqu'à présent l'Angleterre seule, avec l'esprit positif qui la distingue, a su se préserver des dangers de cette illusion en atténuant progressivement la prépondérance de la classe privilégiée. Aujourd'hui, après avoir profité de l'influence aristocratique pour fonder la liberté, elle appelle les autres classes à la maintenir et à la consolider. Enfin le gouvernement démocratique est fondé sur cette idée, que le plus grand nombre des citoyens fait un usage raisonnable de son vote et voit toujours avec discernement ce qui est conforme à la justice et avantageux à l'intérêt commun. C'est encore là une fiction.

La marche des événemens et les mœurs ont éliminé l'élément aristocratique de la constitution politique de la France; Richelieu et Mazarin ont successivement courbé toutes les têtes trop hautes, et empêché qu'il ne se créât dans notre pays un parlement à l'instar de celui de l'Angleterre. Il fut un moment toutefois, une heure dans notre histoire, où cette entreprise eût pu réussir : c'est quand la fronde, conduite par de grands seigneurs, s'alliait à la magistrature et à la bourgeoisie pour imposer ses conditions à la royauté. Malheureusement cette vue était trop élevée alors. Embarrassé de ses auxiliaires, Condé les fit massacrer sur les marches de l'hôtel de ville de Paris, et la noblesse française, déposant les armes, n'exigea en échange de sa soumission que des richesses, des charges de cour et des gouvernemens de province. Le 5 juillet 1652 a vu s'évanouir pour toujours l'occasion de fonder en France des institutions libérales avec le concours de l'aristocratie.

La démocratie peut aussi bien servir de base à un gouvernement personnel qu'à un gouvernement contrôlé. Dans le premier cas, le peuple abdique ses droits et accepte l'égalité dans la sujétion. Ce régime repose sur les deux fictions qui servent de base à la monarchie absolue et au gouvernement populaire. Il suppose le souverain intelligent, sensé, animé exclusivement de l'amour du bien public; il suppose les populations assez morales, assez éclairées, pour intervenir efficacement dans certaines occasions solennelles et manifester par intervalles une volonté ordinairement engourdie. C'est l'alternative entre deux despotismes, celui du pouvoir royal ou celui d'une foule aveugle. La France a passé par cette double épreuve. Elle sait ce qu'est l'autorité d'un seul, disposant de l'intérêt public, le maniant suivant des vues plus ou moins justes, lançant la nation dans des aventures où son honneur et son indépendance peuvent être compromis. Elle sait aussi ce qu'est le gouvernement populaire, animé quelquefois de sentimens généreux, mais vagues et indéfinis, habituellement emporté par la passion, incapable de s'arrêter devant les droits les plus respectables, de conserver l'ordre et de subir le frein de la justice. Ce serait donc méconnaître les enseignemens de l'histoire que de livrer encore une fois les destinées de notre pays à l'une ou l'autre de ces formes de gouvernement. La république semble à la vérité l'expression logique du suffrage universel; cependant la pratique est obligée de tenir compte de certaines difficultés. En France, par exemple, le mot république éveille des inquiétudes. La constitution républicaine a un vice qui lui est propre : elle fait arriver au pouvoir l'homme d'un parti. La majorité populaire qui l'a appelé à la présidence peut se modifier, se détacher de lui. En cas de dissentiment entre lui et la représentation nationale, si le chef du pouvoir exécutif a le droit de dissolution, n'en usera-t-il pas dans des vues intéressées, et n'emploiera-t-il pas tous les moyens dont il dispose pour que la minorité qui lui est restée fidèle, non-seulement soit justifiée par le vote des comices électoraux, mais revienne transformée en majorité? S'il réussit, rien de mieux. Son gouvernement reprend une nouvelle force; mais, s'il échoue, sa politique est désavouée par le verdict national, et néanmoins il faut qu'il continue à gouverner jusqu'à l'expiration légale de ses pouvoirs, entouré d'une majorité triomphante et hostile qui le tient en suspicion. Si le désaccord existe non plus entre diverses fractions de l'assemblée élective, mais entre les pouvoirs publics et l'opinion générale du pays, peut-on espérer du président assez d'abnégation pour qu'il songe à rétablir l'harmonie troublée en faisant appel au pays, c'est-à-dire en allant au-devant d'une défaite certaine? Il est plus naturel de prévoir que le gouvernement suivra sa voie jusqu'à ce qu'il soit arrêté par une manifestation violente de l'opinion, qui, sans issue légale, éclate en désordre et fait une révolution.

Aux États-Unis, il est vrai, le président n'a pas le droit de dissolution (1); mais est-ce une solution aux difficultés signalées plus

____

(1) Pour éviter une partie de ces inconvéniens, la chambre des représentans n'a

haut? En France, un pareil système mettrait incessamment la constitution à deux doigts de sa perte. A ces objections s'en ajoutent d'autres qui sont plutôt prises dans la situation topographique de notre pays que dans les institutions mêmes de la république. Par suite de l'esprit de défiance qui est l'essence même de ce genre de gouvernement, le mandat du président dure peu d'années; il faut qu'il se renouvelle souvent. Cette condition n'a aucune conséquence fâcheuse pour un état de peu d'étendue qui se résigne à jouer un rôle secondaire dans le concert des nations; elle n'en a pas non plus pour l'Union américaine, qui n'a dans son voisinage que des peuples faibles, sur lesquels elle exerce une prépondérance incontestée. Il n'en serait pas ainsi pour la France, placée au centre de l'Europe, entourée de monarchies militaires puissantes comme elle, obligée de surveiller leurs desseins, de contenir leur ambition, obligée aussi de faire de continuels efforts pour que son peuple trouve chez ses voisins des élémens d'échange. Une pareille mission ne sera réalisée que si le pouvoir demeure longtemps dans les mêmes mains. On n'aime et on ne craint que ce qui dure. Un chef d'état temporaire ne conçoit aucun projet à longue échéance dans la crainte de ne pouvoir le mener à terme, et les gouvernemens qui traitent avec lui observent forcément la même réserve. Si, afin d'obvier à ces inconvéniens, on étendait les prérogatives du pouvoir exécutif soit en durée, soit en attributions, ne se heurterait-on pas contre un autre écueil, celui d'exciter outre mesure les convoitises des prétendans à la présidence et de leurs adhérens? Avec un tel appât, la compétition des concurrens court risque de passer parfois des brigues de la place publique aux luttes de la guerre civile. Cette crise de l'élection présidentielle, si grave même aux États-Unis, serait pour un pays situé comme le nôtre une cause périodique d'affaiblissement. Les gouvernemens étrangers animés de mauvais vouloir contre nous, méditant des entreprises menaçantes pour nos intérêts ou notre influence, ne manqueraient pas de tenter de les exécuter à cette époque. Ce serait pour eux la meilleure occasion de réaliser leurs vues. Et le cas de guerre, il faut bien le prévoir quand il s'agit de la France. Les pouvoirs du président, même étendus, ne seraient pas suffisans pour cette terrible éventualité : il faudrait les accroître encore. Victorieux au dehors, n'est-il pas à craindre qu'il ne veuille conserver ce surcroît d'autorité pour contenir ses adversaires, renverser les obstacles que lui susciteraient des dissentimens intérieurs? La reconnaissance nationale et le prestige de la gloire provoqueront

qu'une existence légale de deux ans. A chaque renouvellement, le peuple manifeste sa volonté par les élections. Ce correctif a lui-même le tort d'entretenir la nation dans une effervescence continuelle.

son ambition et lui rendront tout facile pour la satisfaire. Il faudrait la vertu d'un Washington pour résister à une tentation pareille.

Au sein d'une société libre, tous les pouvoirs prennent leur source dans la volonté nationale. La royauté préexistante, permanente et transmissible dans une famille ne fait pas exception à ce principe, car elle est enfermée dans le cercle d'une constitution, expression de cette volonté et subordonnée à elle. La royauté n'est pas établie pour elle-même, elle l'est pour l'utilité de la nation ; les prérogatives dont elle est dotée doivent servir au bien du pays et s'exercer dans les conditions que le pays a posées lui-même. Le roi n'est pas le souverain, il est une partie de la souveraineté ; la souveraineté n'a son expression complète que dans le concert de la royauté et de la représentation populaire. La part de souveraineté qui revient au roi est sans doute fort considérable : aussi les pays monarchiques et libres donnent-ils au pouvoir royal des contre-poids efficaces. D'abord la volonté nationale s'y manifeste en même temps que la volonté du chef du pouvoir exécutif ; mais, dira-t-on, le roi tendra tout naturellement à étendre son action au-delà de la sphère où il a droit d'agir. La nation, sous l'empire d'une légitime inquiétude, exagérera son contrôle et s'efforcera de rétrécir le cercle des attributions du pouvoir exécutif. C'est un antagonisme en permanence plutôt qu'une harmonie constituée. Telle est l'objection principale faite à cette forme de gouvernement. Ceux qui la font oublient qu'au-dessus du pouvoir exécutif et du pouvoir législatif il se trouve une troisième force assez puissante pour les contenir l'un et l'autre. C'est l'opinion publique. Elle est comme une atmosphère dans laquelle tous les pouvoirs vivent et se meuvent, et qui exerce sur eux une pression régulatrice. Cette force se produit par la presse et les réunions publiques, et peut décider même souverainement entre les pouvoirs en conflit. Avant d'examiner en quoi consiste ce mode d'intervention, il convient de préciser les attributions du corps législatif.

Il doit se constituer en deux chambres, toutes les deux dérivant du principe électif, l'une directement et l'autre indirectement. La première est formée par l'élection libre des populations, sans autre restriction que l'exclusion des fonctionnaires, ce qui s'explique par le mandat même des représentans du pays, chargés de contrôler les actes du chef de l'état. Cette exclusion est également favorable au pouvoir parlementaire et au pouvoir royal. Au premier, elle assure la spontanéité et l'indépendance de ses résolutions et de ses votes ; elle évite au second toute compromission dans la lutte des partis. A l'assemblée populaire appartient le droit de composer son bureau et de rédiger son règlement intérieur ; c'est la garantie de sa dignité et de sa liberté d'action. En cas de vacance d'un siége, c'est le président de la chambre qui convoque les électeurs, ce n'est pas le ministre, car l'administration n'a pas à s'interposer entre le pouvoir législatif et le corps électoral, qui en est la source.

En tenant compte de cette origine, il est évident que le rôle de cette assemblée doit être prépondérant dans le mécanisme constitutionnel, puisqu'elle est l'expression de la volonté nationale. Il n'est certainement pas sans inconvénient, ainsi que le fait observer M. Prevost-Paradol, qu'en cas de contestation entre les pouvoirs le dernier mot appartienne au corps législatif; mais entre les maux il s'agit d'opter pour le moindre. Si le dernier mot restait au pouvoir exécutif, le parlement ne serait plus qu'un corps consultatif dont les réclamations impuissantes n'empêcheraient pas l'établissement du despotisme. La prépondérance législative ne fait pas courir le même danger: elle est contenue par l'opinion publique et corrigée par le renouvellement périodique de la représentation nationale, par le droit de dissolution dont peut user le chef de l'état.

Comment s'exerce l'autorité parlementaire? Par le vote du budget, par le vote des lois et par des propositions ou résolutions. Le vote du budget, il n'est pas nécessaire d'insister sur ce point, est la condition essentielle des gouvernemens où le pays veut avoir la direction de ses affaires. Comme de là découle la justification des charges qui doivent peser sur les populations, de là découle aussi l'autorité qui peut les leur faire accepter. Les lois sont présentées au corps législatif, non pas au nom du chef de l'état, — il importe qu'il ne soit pas compromis dans les débats qu'elles soulèveront, — mais au nom des ministres, qui sont la partie active du gouvernement. La chambre les discute, les amende, appelle dans ses commissions les agens de l'administration, les membres du conseil d'état, s'entoure des lumières des hommes spéciaux, approuve ou rejette en pleine connaissance de cause et avec une entière indépendance les projets qui lui sont soumis. Enfin le corps législatif a un droit d'initiative égal et parallèle à celui du pouvoir exécutif. Il faut qu'il puisse, tantôt par une interprétation, tantôt par la présentation d'un projet de loi, satisfaire à un sentiment ou à un besoin qui se manifeste dans le pays, interroger le gouvernement sur la marche qu'il imprime à la politique extérieure, enfin le forcer à tenir compte des intérêts et des préoccupations du public.

En certaines circonstances, quoiqu'élective, la chambre des députés peut ne pas représenter exactement l'opinion du pays ou ne la représenter que dans une phase passagère; la chambre haute aura le droit et le devoir de s'enquérir jusqu'à quel point le vote de la première chambre est en rapport avec l'opinion nationale, de concilier dans les lois l'esprit de conservation avec l'esprit d'innovation, de juger des changemens à introduire dans la législation, enfin d'intervenir entre le pouvoir législatif et le pouvoir exécutif pour arrêter toute entreprise que l'un ou l'autre tenterait en dehors de sa sphère constitutionnelle.

Comment sera formée la chambre haute? Ici se présente une véritable difficulté. Il faut que les élémens qui la composent lui soient propres et en même temps qu'ils ne soient pas contraires à la démocratie, puisque c'est d'une constitution démocratique qu'il s'agit. Si les membres sont demandés directement à l'élection, elle n'est plus qu'une doublure de la première chambre. Charger le pouvoir royal de la nommer, c'est donner à ce pouvoir deux organes dans la confection des lois et la prééminence législative. Pour obvier à ces objections, M. Prevost-Paradol a proposé le système suivant. On grouperait les conseils-généraux des départemens qui ont certains intérêts communs en assemblées régionales à l'instar des ressorts de nos cours d'appel. Ces divisions territoriales, au nombre de vingt ou vingt-cinq dans toute la France, auraient à pourvoir chacune par l'élection à huit ou dix siéges de la chambre haute, ce qui ferait un ensemble de deux cent cinquante membres. Ce nombre serait porté à trois cents non par des nominations arbitraires, mais par des siéges dévolus de droit à de hauts personnages pour les fonctions qu'ils remplissent dans l'état ou à des illustrations personnelles pour de grands services rendus au pays. Le premier président de la cour de cassation, le premier président de la cour des comptes, les amiraux et les maréchaux feraient de droit partie de l'assemblée; enfin l'Institut élirait dix membres, à raison de deux par chaque académie.

Le recrutement d'une fraction de la haute chambre au moyen d'un droit attaché à la fonction ou au titre de la personne ne me semble pas heureux. Une assemblée délibérante, pour être animée de l'esprit de corps, si utile à sa dignité et à son indépendance, ne doit renfermer dans son sein qu'un seul élément; il faut que ceux qui y siégent y soient arrivés de la même manière, qu'il n'y ait entre eux que la distinction des vertus et des talens : pas de bancs de magistrats, de savans, de maréchaux, d'évêques. Laissons tous ces personnages attendre et recevoir leur droit de l'élection des conseils-généraux. La position qu'ils occupent, leur renommée, l'éclat de leurs services, appelleront naturellement l'attention sur eux, et les départemens se disputeront l'honneur de les nommer. Le baptème électoral n'effacera pas leur titre de magistrats, de maréchaux, d'académiciens; mais il leur permettra de l'oublier dans l'enceinte législative lorsqu'ils auront à délibérer sur la guerre, la justice et l'instruction publique. Il les débarrassera d'une sorte de mandat impératif qu'ils porteraient avec eux, si leur siége dépendait de leurs fonctions. Aux États-Unis, société éminemment démocratique, les membres du sénat sont élus par les représentans de chaque état, ce qui ressemble fort aux divisions régionales dont il est ici question. En Belgique, le sénat puise son existence à la même source que la chambre des députés, mais à des conditions différentes; la durée du mandat est double, et, pour être éligible, il faut être âgé de quarante ans au moins et payer 1,000 florins d'impositions directes, patente comprise. Dans ces deux pays, la seconde chambre remplit parfaitement sa mission.

Voici donc trois corps qui concourent à la loi, le pouvoir exécutif, l'assemblée populaire et le sénat. Comment s'établiront leurs rapports? Par l'intervention ministérielle. Les ministres ne sont les mandataires ni du chef de l'état ni des chambres, ils sont l'organe des communications qui s'échangent entre eux. S'ils étaient l'organe du pouvoir exécutif et s'ils dépendaient de lui, ils l'engageraient dans toutes leurs démarches et le compromettraient par leur langage; s'ils étaient les instrumens du pouvoir délibérant, ils pénétreraient avec ce caractère dans la sphère administrative, et lui enlèveraient sa liberté d'action. Leur rôle est mixte et complexe : ils sont de véritables intermédiaires n'appartenant ni au chef de l'état ni aux chambres, et procédant de ces deux pouvoirs à la fois dans une certaine mesure et par des modes différens.

Je crois que M. Prevost-Paradol ne s'est pas bien rendu compte de cette fonction dans l'ordre constitutionnel. Oui, comme il le propose, les ministres doivent être pris dans la représentation nationale, être comme imprégnés de l'opinion qui y domine, exercer dans l'enceinte législative une influence réelle; mais ces conditions restreignent forcément le cercle où le chef de l'état, qui les nomme, peut trouver des ministres, et le forcent de les prendre dans les rangs de la majorité triomphante. En Angleterre, où le gouvernement représentatif s'applique avec tant de régularité par suite non d'un texte constitutionnel, mais d'une longue pratique, le choix de la couronne et l'intervention du parlement dans la formation des cabinets se combinent et se limitent réciproquement. M. Prevost-Paradol innove à cet égard et change radicalement le rôle du ministère par l'origine exclusivement parlementaire qu'il lui donne. Il veut que le président du conseil soit élu par la chambre des députés et qu'il choisisse librement ses collègues. Cette élection serait valable jusqu'à la démission de celui qui en serait l'objet ou jusqu'à ce que l'assemblée, de sa propre autorité, recoure à une élection nouvelle. Quoi! le président du cabinet sera nommé par l'assemblée, organe du suffrage universel? Procéderait-on autrement, s'il s'agissait d'élire le président d'une république? Ce président du conseil ne sera pas le chef d'un cabinet, il sera le chef suprême de l'état; il aura plus de puissance réelle que le roi, plus de prestige moral; il concentrera dans ses mains l'autorité de la nation, puisqu'il en sera investi par ses mandataires. Ce n'est pas un intermédiaire entre le pouvoir exécutif et le pouvoir législatif, c'est un troisième pouvoir plus fort qu'eux. Pour le roi, c'est un maire du palais; pour les chambres, c'est un dictateur.

Dans ce système, les objections que les auteurs de la constitution des États-Unis élevaient contre la présence des ministres au congrès se trouvent, on le comprend, singulièrement aggravées; elles diminuent au contraire d'importance, si, au lieu d'accorder à la représentation nationale le droit d'élire le chef du cabinet, et à celui-ci le soin de choisir ses collègues, la formation du ministère est confiée au chef de l'état. Est-ce à dire que cette formation sera complétement indépendante? Non; elle se fera avec le concours indirect des chambres. Le roi sait que sans ce concours l'action gouvernementale serait arrêtée; il sait que son intérêt l'oblige à prendre ses ministres parmi les hommes exerçant sur les assemblées la plus grande influence. Qu'un de ces hommes devienne, par l'autorité de son caractère, par l'ascendant de sa parole, le chef du cabinet, qu'il ait une action prépondérante sur la royauté et sur le parlement, rien de plus désirable, rien de plus légitime, car elle ne sera suspecte ni à l'un ni à l'autre, et maintiendra l'entente entre eux. C'est ce qui se pratique en Angleterre, en Belgique et dans tous les pays où le régime parlementaire est en vigueur; c'est ce qui s'est réalisé en France sous les gouvernemens représentatifs. On dit, il est vrai, que la couronne peut se tromper dans ses choix. Le correctif de cette erreur est à la disposition du pouvoir législatif, qui peut la signaler par ses votes, et au besoin manifester son refus de concours en déclarant expressément que le cabinet « n'a pas sa confiance. » Alors la rupture est complète entre les deux pouvoirs, et deux partis sont à prendre, — ou appeler au ministère des hommes en conformité de sentimens avec les représentans du pays, ou dissoudre les chambres en recourant à de nouvelles élections. Les chambres aussi sont exposées à l'erreur; elles peuvent céder à des entraînemens passionnés, tenter des usurpations, s'opiniâtrer dans certains projets sans l'assentiment du pays. Les ministres, dans leur rôle de médiateurs, étudient les symptômes de cet état des assemblées, et s'efforcent d'y remédier par la conduite qu'ils impriment au pouvoir exécutif. Ils écartent ou éloignent par des tempéramens habiles le recours aux mesures extrêmes, telles que le *veto* et la dissolution. M. Prevost-Paradol n'est point partisan du *veto*. — Il lui reproche, s'il est exercé par le chef de l'état, roi ou président, de permettre à une volonté unique d'entraver la volonté de la majorité législative, et, s'il est exercé sous la responsabilité ministérielle, d'être en fait possédé par les ministres, qui s'en serviront pour prolonger leurs luttes avec les chambres et se maintenir au pouvoir. Il le trouve enfin complétement inutile dans un régime où par le changement du cabinet il est si facile de rétablir l'harmonie entre le parlement et le pouvoir exécutif. Cette question du *veto* mérite qu'on l'examine de près.

Les prérogatives de la couronne ne sont pas un don fait à la royauté pour assurer sa puissance ou sa splendeur. Ce sont des attributions qui ont pour but l'utilité nationale. La loi, pour être parfaite, doit être conçue et élaborée en commun par la royauté, l'assemblée nationale et le sénat. Cette condition implique le concert entre les trois pouvoirs. Chacun d'eux a le droit de modifier, d'amender, de rejeter même la proposition de l'un des autres ou de tous les deux. Le sénat, par exemple, s'allie tantôt au pouvoir royal, tantôt à l'assemblée des représentans, selon qu'il juge opportun de porter son appui aux principes conservateurs ou aux idées de progrès, et repousse les mesures qui ne lui paraissent pas favorables à la politique qu'il veut faire prévaloir. La chambre populaire agit de même. Ces deux branches de la représentation nationale usent l'une vis-à-vis de l'autre, et à l'endroit du chef du pouvoir exécutif, d'une sorte de *veto* qu'elles exercent en toute liberté. Dès lors est-il possible de refuser ce même droit au chef de l'état? Le contraindre à accepter tous les projets sortis des délibérations des deux autres pouvoirs, ne serait-ce pas le subordonner à eux? ne serait-ce pas le réduire aux fonctions de greffier royal chargé d'enregistrer des résolutions auxquelles il n'a pas été réellement associé? n'est-ce pas introduire dans la machine gouvernementale un ressort sans force qui subit l'impulsion générale et qui n'y concourt pas? Pour expliquer cette inégalité dans l'action législative, on dit : Si les chambres arrêtent une loi ou ne l'approuvent pas, la conséquence a peu de gravité, c'est une mesure sur laquelle l'interdit est jeté, rien de plus; si au contraire c'est le chef de l'état qui exerce cette prérogative, il peut paralyser la volonté nationale, car il est déjà en possession de la force militaire.

C'est l'objection principale des adversaires du *veto*; mais l'assemblée populaire n'est pas sans garanties contre l'abus qui pourrait être fait de cette prérogative. Elle peut, par une juste représaille, refuser les voies et moyens nécessaires au pouvoir exécutif, ou tout au moins limiter à un temps plus ou moins court le vote des subsides, et contraindre ainsi le chef de l'état à convoquer les comices électoraux pour prononcer sur la cause du conflit. Enfin elle a le droit de mettre en accusation les ministres sous la responsabilité desquels le *veto* vient de s'exercer. Sans la faculté, soit pour le roi, soit pour une des chambres, de refuser ou de retirer son adhésion à la loi, on va au-devant du despotisme, qui s'érigera au bénéfice des représentans de la nation ou du pouvoir exécutif. C'est cette conséquence qui frappait Livingston quand il disait que, « la tendance des deux chambres étant d'empiéter sur le pouvoir exécutif, il était indispensable de confier à ce dernier un frein pour contenir leur puissance. » C'est aussi ce qui a provoqué cette exclamation de Mirabeau : « j'aimerais mieux vivre à Constantinople qu'en France, si le roi n'avait pas le droit de *veto!* »

Le refus que fait le roi de sanctionner une loi doit être considéré comme un avertissement qu'il adresse au pouvoir délibérant. Il correspond à celui que les chambres adressent au pouvoir exécutif quand par le rejet de ses propositions elles signifient au roi que la politique dont ses ministres sont l'expression n'a pas leur confiance. Ces avertissemens réciproques tiennent en suspens l'action législative et aboutissent forcément ou à la levée du *veto*, ou à la dissolution des assemblées. Si, appelé à se prononcer, le peuple, qui doit avoir le dernier mot, envoie les mêmes députés ou des députés professant l'opinion qui a provoqué le conflit, il faudra que le prince « obéisse; » c'est l'expression dont se sert le grand orateur de l'assemblée constituante, car c'est seulement pour exécuter les volontés nationales que le souverain a été établi sur le trône.

Aux États-Unis, le président est armé d'un *veto* suspensif. Il n'a pas le droit de dissolution, comme le chef du pouvoir exécutif dans une monarchie parlementaire; mais le conflit est tranché, le *veto* annihilé, lorsque dans une nouvelle délibération du congrès la majorité en faveur de la proposition contestée se compose des deux tiers des votans. Si en Angleterre personne ne conteste à la couronne le droit de *veto*, on ne le trouve pas appliqué une seule fois dans les annales parlementaires de ce pays. Il en est de même en Belgique. Chez nous, de 1814 à 1848, on ne peut citer que deux circonstances dans lesquelles cette prérogative s'est exercée, et le fait est passé inaperçu, même aux yeux des contemporains (1). Pris à la lettre, ce ressort du mécanisme constitutionnel peut engendrer des difficultés et causer des agitations; mais il n'y a pas de constitution qui ne contienne, si on veut bien le chercher, un article 14 que le pouvoir royal ou le pouvoir populaire peut invoquer afin de se mettre au-dessus de la légalité constitutionnelle. Il n'y a de remède à ce vice naturel que la sagesse humaine.

(1) Le roi Louis-Philippe n'a jamais sanctionné et promulgué la loi qui reconnaissait les grades accordés à l'armée dans les cent jours, ni celle émanée d'une proposition de M. Mounier, pair de France, qui attachait un traitement à la décoration de la Légion d'honneur.

Le gouvernement parlementaire, pour être complet, doit encore remplir deux autres conditions, l'irresponsabilité du chef de l'état et la responsabilité des ministres. — Que veut la nation en constituant la royauté héréditaire? Assurer la durée du pouvoir dans une famille, afin d'éviter les troubles provoqués par la perspective d'une couronne à conquérir et d'empêcher les solutions de continuité trop fréquentes dans la politique générale. Or la continuité du pouvoir peut être atteinte par la responsabilité. D'autres raisons justifient l'immunité dont il s'agit de doter la couronne. Le chef de l'état n'a pas de volonté qui lui soit propre. Tous les actes auxquels son autorité est attachée n'ont d'effet que s'ils sont contre-signés par les ministres, et ceux-ci peuvent refuser leur contre-seing à ceux qu'ils jugent contraires au sentiment public ou aux principes constitutionnels. Le rôle du souverain est celui d'un arbitre entre les partis, et il ne doit, sous aucun prétexte, quitter sa sphère d'impartialité. — Mais, dit-on, il sortira de cette immobilité majestueuse, s'il y est poussé par son intérêt personnel, par la conviction plus ou moins éclairée que le bien de la nation lui en fait un devoir, comme il est arrivé à Charles X en 1830 et au président de la république en 1851. Cette hypothèse n'est pas invraisemblable. Quand elle se réalise, le chef de l'état agit à ses risques et périls. Ce jour-là, il se dépouille de son inviolabilité, il rompt le pacte fondamental, il fait un coup d'état et défie la révolution. Pour un cas semblable, il n'est pas nécessaire d'écrire dans la constitution que « l'insurrection est le plus sacré des devoirs; » chez un peuple où les mœurs de la liberté ont pris racine, cette maxime doit se trouver dans tous les cœurs.

Récemment s'est produite une théorie dans laquelle on préconise la coexistence de deux responsabilités, celle du chef de l'état et celle des ministres. Cette invention est due probablement à la nécessité de démontrer que la constitution actuelle de l'empire français n'est pas incompatible avec un régime de liberté. Ces deux responsabilités s'appliquent, l'une à la marche générale de la politique intérieure et extérieure, l'autre à l'administration; la première incombe au chef de l'état, la seconde aux ministres. Qui peut délimiter exactement le domaine de la politique générale et celui de l'administration? La casuistique constitutionnelle la plus déliée y échouerait. Conçoit-on par exemple quelque grand dessein, un projet destiné à exercer de l'influence sur la marche générale de la politique, dont la préparation et la réalisation n'exigent des mesures nombreuses d'administration? Le chef de l'état, qui a la responsabilité de la politique générale, ne pourra-t-il pas l'invoquer pour obliger les ministres, qui ont la responsabilité des actes administratifs, à exécuter les travaux nécessaires à son plan? Ainsi des approvisionnemens sont faits, des troupes sont réunies, des commandemens sont distribués; ces préparatifs sont menaçans; ils inquiètent une puissance voisine, ils compromettent nos rapports avec elle et peuvent amener la guerre. A l'intérieur, un certain esprit préside au choix des fonctionnaires; on destitue des préfets connus pour professer une opinion, et on les remplace par d'autres d'une opinion opposée; ils sont chargés de répandre dans leur département des principes inconciliables avec la constitution, de préparer les élémens d'une réélection qui changera la majorité actuelle du corps législatif. Dans ces deux éventualités si naturelles à prévoir et qu'il serait si facile d'écarter avec une responsabilité nettement déterminée, que de conflits dans le sein même du gouvernement! Ou le chef de l'état, agissant comme un conspirateur, dissimulera ses vues et surprendra la bonne foi des ministres, ou il révélera ses intentions et confessera le mobile qui le détermine en demandant le concours des chefs des différens départemens ministériels. Le premier cas engendre le soupçon, le second la contestation. Les ministres craignent de se compromettre vis-à-vis de la majorité dont ils sont les organes, et ne veulent qu'à bon escient s'associer à la politique du chef de l'état; de là pour eux la nécessité de l'observer, de le mettre en demeure à chacune de ses propositions de s'expliquer franchement sur les vues qu'il a conçues. Dans cet état de défiance réciproque, que de difficultés dans la délibération, que d'entraves dans l'action! Le roi ou l'empereur réclamant le droit de prendre des résolutions, puisqu'aux termes de la constitution il est responsable, les ministres discutant ces résolutions et les repoussant en invoquant leur propre responsabilité, — c'est l'antagonisme en permanence siégeant dans la sphère la plus élevée du gouvernement. Maintenant supposons les faits accomplis, à qui en demandera-t-on compte? Si on s'adresse au chef de l'état, ne pourra-t-il pas répondre que le ministère les a jugés nécessaires et qu'il n'a pas à les justifier. Si l'on s'adresse aux ministres qui se seront rendus complices plus ou moins volontaires des arrière-pensées du chef de l'état, ne se réfugieront-ils pas derrière lui, invoquant son action constitutionnelle? Ces deux responsabilités s'annulent donc et ne sont bonnes qu'à tromper les esprits. D'ailleurs que vaut celle de la couronne, quand personne ne peut la formuler, ni indiquer un mode de procédure qui la rende effective et régulière, quand elle ne peut avoir pour sanction pénale qu'une révolution? Dans aucune constitution, on n'a songé à organiser la révolution.

Revenons à ce qui est pratique, à la seule responsabilité ministérielle. Elle s'attache à tous les actes, à toutes les paroles du pouvoir exécutif; elle ne court pas risque de s'égarer, et s'exerce au jour le jour par la discussion et le contrôle des assemblées délibérantes. Elle est la condition essentielle des gouvernemens libres, la garantie des droits de la nation et de l'inviolabilité de la constitution qu'elle s'est donnée. En Angleterre, elle est tellement entrée dans les mœurs que, bien qu'elle ne soit écrite dans aucun texte précis, nul ne la conteste. En Belgique, un article de la constitution déclare qu'en aucun cas l'ordre verbal ou écrit du roi ne peut soustraire un ministre à la responsabilité, et un autre article stipule que la chambre des représentans peut accuser les ministres et les traduire devant la cour de cassation, qui seule a le droit de les juger, sauf l'action civile de la partie lésée et les crimes et délits qu'ils auront pu commettre dans l'exercice de leurs fonctions. — Le roi ne peut user de sa prérogative de faire grâce en faveur d'un ministre condamné que sur la demande de l'une des deux chambres.

Dans ce cadre constitutionnel, quel est donc le rôle du chef de l'état? Celui d'être un arbitre étranger aux luttes qui se livrent autour et au-dessous de lui; il intervient dans les circonstances les plus graves, apaise les conflits en interrogeant la nation lorsqu'il juge opportun de provoquer son arrêt souverain; il est partie agissante dans le travail législatif et chargé de l'exécution des lois; il commande les forces militaires pour le maintien de l'ordre et la défense du territoire; il a la direction des rapports internationaux et veille au maintien de l'honneur national; il pourvoit à l'intérêt le plus essentiel des sociétés civilisées par l'administration de la justice. Qu'un génie se trouve à l'étroit dans le cercle de ces attributions, je le crois sans peine; mais ce n'est vrai que pour un de ces génies qui apparaissent sur la scène du monde à de longs intervalles et laissent après eux plus de ruines que de monumens dignes d'admiration. De grands hommes passionnés pour les progrès et le bonheur des peuples trouveront là de quoi donner carrière à leurs nobles sentimens et à leur honnête ambition. Nous en avons pour témoignage le rôle si considérable, malgré l'exiguïté de son royaume, du roi Léopold Ier de Belgique, et sous nos yeux celui que nous donne chaque jour la reine Victoria sur le trône de la Grande-Bretagne. D'ailleurs c'est à ces conditions, au XIXe siècle et lorsque les peuples ont justement revendiqué leur droit de souveraineté, que la royauté peut être maintenue.

III.

Le gouvernement parlementaire se compose de trois pouvoirs : le pouvoir exécutif, le pouvoir législatif et le pouvoir judiciaire. J'ai indiqué les attributions et la fonction des deux premiers; il me re à parler du troisième. Deux conditions sont essentielles pour l'administration de la justice : l'indépendance et les lumières. L'indépendance ne peut être assurée que par un bon mode de recrutement du personnel judiciaire, la compétence ne peut l'être que par des conditions de capacité obligatoires.

Quel sera le mode de recrutement? Si c'est le pouvoir exécutif qui choisit les magistrats et décide de leur avancement, on comprend qu'ils seront plus ou moins sous la dépendance du gouvernement. On aura beau les investir du privilége de l'inamovibilité, comme on l'a fait jusqu'à présent en France, ils n'en seront pas moins tentés de gagner la faveur du chef de l'état pour avancer dans leur carrière. Si leur recrutement se fait par l'élection, ne court-on pas un autre danger? Ne verra-t-on pas les membres du corps judiciaire s'attacher par calcul au parti prépondérant, avoir toujours en vue la popularité plutôt que la justice, et flatter l'opinion à laquelle ils doivent leur situation afin d'en acquérir une plus élevée? Le problème consiste donc à trouver une combinaison qui puisse soustraire la magistrature à l'arbitraire des choix et aux passions des partis.

D'abord dégageons la question d'un point qui l'embarrasse par-dessus tout, je veux parler des contestations politiques. Toutes les fois que la magistrature sera chargée à elle seule de les résoudre, elle y perdra le caractère d'impartialité qui doit lui appartenir. Si les délits et les crimes commis par la voie de la presse ou des réunions publiques, si les manœuvres coupables des partis, les complots contre la sûreté de l'état, sont déférés aux tribunaux, les décisions paraissent dictées ou par le pouvoir attaqué, ou par la crainte de l'impopularité, et dans l'un comme dans l'autre cas les juges perdent le respect des populations. L'histoire contemporaine ne fournit que trop de preuves de cette vérité. Sans prétendre importer en France les institutions américaines ou anglaises, auxquelles nos mœurs ne se prêtent pas, on peut éviter ce double écueil par l'intervention du jury dans toutes les affaires où l'élément politique se trouve mêlé. Le jury, par son origine, exprime l'opinion publique, à laquelle il faut toujours s'adresser dans un pays libre. C'est la société, représentée par quelques-uns de ses membres tirés au sort, qui est chargée d'apprécier des faits réputés coupables, et, son verdict rendu, les magistrats n'ont plus qu'à appliquer les pénalités. Quoi de plus variable que le caractère d'un fait politique incriminé? Tantôt il est de nature à être considéré comme innocent à cause des mobiles qui l'ont suscité ou de faits accessoires qui l'ont accompagné, comme dans l'affaire de Strasbourg, tantôt, quoique semblable dans sa manifestation, il devient condamnable par les dangers qu'il a fait courir à la chose publique. Cette appréciation toute morale et relative ne peut être faite que par des citoyens animés du sentiment public. Ces raisons sont vraies aussi pour les attentats contre la sûreté de l'état, pour la violation de la constitution; elles justifient, le cas échéant, le renvoi des ministres devant une haute cour criminelle à l'instar de celle instituée en 1848 et qui existe encore aujourd'hui, ou devant la haute assemblée législative formée en cour de justice, comme sous le gouvernement de juillet. Cette organisation s'anime tout à la fois du sentiment judiciaire par la présence d'un certain nombre de magistrats et du sentiment public par celle d'hommes politiques. C'est un véritable jury national.

Personne n'ignore que, sous l'empire de cet esprit administratif si puissant en France et qui a résisté depuis plus de soixante ans à nos fréquentes révolutions, l'article 75 de la constitution de l'an VIII a été religieusement conservé. Cet article exige l'autorisation préalable du conseil d'état pour poursuivre un fonctionnaire et lui demander la réparation d'un acte arbitraire. Un peuple qui aurait les institutions les plus libérales les verrait s'annihiler toutes et perdrait ses libertés en détail sous le régime de cette législation. Sans doute le fonctionnaire ne doit pas être livré aux passions qu'il provoque souvent dans l'accomplissement de ses fonctions. Il importe qu'il ne soit pas privé de protection, puisqu'on exige de lui l'exécution ponctuelle des ordres quelquefois sévères qu'il reçoit de ses supérieurs et la stricte application de la loi; mais cette protection, il doit la trouver dans son chef immédiat et dans cette hiérarchie administrative qui remonte de l'agent le plus humble au préfet et du préfet au ministre. Quel est le préfet qui refusera de couvrir de sa responsabilité le subordonné qui aura agi conformément à ses instructions? Quel est le ministre qui à son tour ne prendra pas à sa charge, pour en répondre devant le parlement, les mesures ordonnées par un préfet non désavoué par lui? Le fonctionnaire, à vrai dire, ne peut être recherché que si l'acte qu'on lui reproche lui est personnel, et alors pourquoi l'autorisation préalable du conseil d'état? N'a-t-il pas agi à ses risques et périls et ne doit-il pas rendre compte de sa témérité? Le conseil d'état est composé d'hommes distingués; mais, sans lui faire injure, on reconnaîtra qu'il est plus soucieux de conserver intacte l'action du pouvoir que les garanties des citoyens. La suppression de l'article 75 est donc une nécessité de premier ordre. Quand il n'existera plus, les agens de tout rang apprendront à se conduire avec une sage circonspection; ils sauront qu'en regard de leurs devoirs il y a des droits respectables. Les particuliers de leur côté réfléchiront avant de poursuivre un fonctionnaire, car ils s'exposeront à lui payer des dommages-intérêts, s'il est reconnu que leur plainte n'est pas fondée.

Pour compléter la part de la magistrature dans la politique, il serait utile que les chefs des parquets de la cour de cassation et de la cour impériale fissent partie du cabinet. Deux membres de l'assemblée législative occuperaient ces siéges et deviendraient les suppléans et les auxiliaires du ministre de la justice dans les débats parlementaires. Avec lui, ils auraient à justifier de l'application des lois promulguées, de la jurisprudence adoptée; ils auraient à rendre compte des poursuites dirigées contre les journaux et l'exercice du droit de réunion, des conflits survenus entre l'autorité administrative et l'autorité judiciaire, enfin des instructions adressées dans tout l'empire en vue de circonstances politiques. L'importance de ce rôle explique l'exception au principe de l'incompatibilité du mandat de député avec une fonction rétribuée. Il va de soi que ces deux hauts fonctionnaires, attachés à l'existence du ministère, suivraient sa fortune et se retireraient avec lui. Ce que je propose existe en Angleterre. L'*atorney general* et le *solicitor* font partie du cabinet.

Je reviens au recrutement de la magistrature. Il n'est pas nécessaire de dire que des conditions de capacité et de préparation doivent être posées à ceux qui entrent dans cette noble carrière. Il importe de maintenir les examens et les grades conférés par nos facultés. En France, la nomination des magistrats dépend exclusivement du chef de l'état; l'indépendance du corps judiciaire est atteinte par ce système. Malgré l'inamovibilité, le gouvernement exerce une influence considérable sur les juges. Les choix du pouvoir exécutif doivent donc être subordonnés à certaines conditions. M. Prevost-Paradol développe une combinaison où sont évités d'une part les inconvéniens de la désignation populaire, de l'autre ceux de la nomination directe par le chef de l'état. Ainsi, pour remplir une vacance dans un tribunal civil, les membres de ce tribunal présentent une liste de candidats qu'on peut supposer dictée par l'esprit de corps; mais en même temps le conseil d'arrondissement en présente une autre, probablement formée sous une préoccupation différente, et c'est sur ces deux listes, et conformément à la proposition du ministre de la justice, que le roi fait la nomination. Le conseil-général intervient concurremment avec la cour impériale quand il y a un vide à combler dans les rangs de cette dernière; enfin les cours d'appel, la haute cour de justice et la cour de cassation ont le droit de présenter des listes de candidats lorsqu'il s'agit de pourvoir à un siége de la cour suprême. Chaque tribunal élit son président et ses vice-présidens. Ce système de recrutement fonctionne en Belgique. Il n'est guère possible de lui objecter ce qu'on oppose ordinairement aux innovations libérales d'une origine étrangère, à savoir que l'organisation sociale et les mœurs où elles ont pris naissance diffèrent essentiellement des nôtres. La Belgique, tout le monde le sait, est régie par les mêmes lois civiles et a les mêmes habitudes que la France. La fonction de juge ne saurait émaner de la volonté du peuple comme la fonction législative, ni de la volonté du pouvoir comme la fonction d'administrer. Elle doit se dégager d'un ensemble de dispositions propres à faire surgir l'organe éclairé et inflexible du droit.

Notre organisation judiciaire est conforme aux traditions nationales. Constituée par la révolution et l'empire, elle n'en conserve pas moins une empreinte plus ancienne qui rappelle les présidiaux, ancêtres de nos tribunaux de première instance, les parlemens, qui ont donné naissance à nos cours d'appel, et une section du conseil du roi qui portait l'idée génératrice de notre cour de cassation. A bien des titres, cet ensemble d'institutions satisfait aux exigences d'une saine raison, et, en même temps qu'il est en harmonie avec le génie de la France, il s'encadre sans difficulté dans une société démocratique et libérale. Sauf les cas exceptionnels où le jury intervient, le juge statue à la fois sur le fait et sur le droit, ce qui est une nécessité. A part les justices de paix, la décision appartient non pas à un juge unique, mais à un tribunal composé de plusieurs juges ou à une cour formée de plusieurs conseillers. Cette pluralité des juges est conforme à la nature de la fonction, puisque juger est une œuvre non d'action, mais de délibération; elle est une garantie contre l'arbitraire ou l'incapacité; en outre elle dégage la responsabilité souvent trop lourde qui pourrait peser sur le magistrat isolé. Dans cette organisation, la justice est facilement accessible au plus humble citoyen, et ce système est bien autrement libéral que celui de l'Angleterre, où le justiciable est obligé d'attendre un juge nomade qui n'arrive qu'à certaines époques de l'année. Notre organisation judiciaire a ses premières assises dans les couches les plus profondes du corps social; elle se développe par une hiérarchie graduée et dans des corps judiciaires qui se superposent les uns aux autres pour aboutir à la grande cour régulatrice où se personnifie l'idée du droit.

Cependant des améliorations peuvent y être introduites. Ainsi pourquoi ne pas donner aux juges de paix l'inamovibilité comme aux autres magistrats? Constamment en contact avec les classes inférieures de la population, ils y gagneraient en autorité morale vis-à-vis d'elles et en indépendance vis-à-vis du pouvoir. — Le décret de 1852, qui limite l'âge des magistrats à soixante-dix ans pour les cours d'appel et à soixante-quinze ans pour la cour de cassation, est attentatoire au principe de l'inamovibilité aussi bien qu'à la dignité de la magistrature, qu'il met en quelque sorte en coupe réglée. Il faut l'abroger, c'est une des premières réformes à accomplir. — Pour prévenir les abus de l'inamovibilité, une loi disciplinaire est indispensable. Elle doit avoir pour but d'exclure des rangs judiciaires ceux qui auront forfait à leurs devoirs, ou que la maladie, les infirmités, auront mis hors d'état de remplir leurs fonctions. — Grâce à ces garanties, la magistrature française aurait une sorte d'autonomie; en elle renaîtrait bientôt quelque chose du ferme esprit des anciens parlemens; assez forte pour opposer une barrière à tous les entraînemens, elle offrirait un abri sûr à tous les partis, qui pourraient indistinctement l'invoquer avec confiance.

Faut-il entrevoir dans un avenir plus ou moins prochain l'introduction du jury dans les causes civiles et les délits de droit commun? Cet élément nouveau dans l'ordre judiciaire amènera-t-il un progrès? Malgré l'exemple des États-Unis et de l'Angleterre, il reste bien des doutes à ce sujet. L'institution du jury appliquée d'une manière générale détournerait chaque jour un grand nombre d'individus de leurs occupations habituelles; elle investirait le plus souvent de cette importante fonction des hommes dont la moralité et la capacité n'auraient pu être constatées sérieusement. Ce serait en quelque sorte tirer au sort, en même temps que la composition du jury, les conditions de bonne justice données aux parties en cause. La séparation du point de fait et du point de droit, pour attribuer le premier au jury et le second au juge, séparation qui est le fondement même de l'institution du jury, offre dans la plupart des cas des difficultés très sérieuses à cause de l'inextricable confusion des deux élémens. Dans beaucoup de pourvois en cassation, la question de savoir si la décision attaquée porte sur un point de fait ou sur un point de droit, où le fait finit, où le droit commence, embarrasse des esprits qui ont parcouru tous les degrés de la hiérarchie judiciaire. En voulant généraliser l'institution, on est amené à se poser ce grave problème : renfermera-t-on le jury dans la simple connaissance du fait matériel, ou lui confiera-t-on en outre l'appréciation de certains élémens juridiques plus ou moins intimement liés au fait lui-même? — Enfin le verdict du jury n'est pas et ne peut pas être motivé, n'est pas et ne peut pas être susceptible d'appel; qui ne comprend que ce caractère de souveraineté absolue entraîne avec lui un immense danger d'arbitraire?

On trouve dans le succès des tribunaux de commerce un motif de croire à l'excellence du jury en toute matière. Les membres des tribunaux de commerce ne sont pas tirés au sort comme les jurés, ils sont élus par les négocians dont ils sont chargés d'examiner et de juger les contestations. Les suffrages s'adressent tout naturellement aux plus éclairés, aux plus expérimentés. Qu'on interroge les personnes qui ont passé par ces fonctions, toutes diront que dans ces débats contradictoires, dans ces circonstances mêlées et confuses dont les opérations commerciales sont entourées, le juge consulaire, obligé de se prononcer, ne satisfait sa conscience qu'en recourant à l'application de quelque principe de droit. — Laissons le jury au criminel, c'est là sa sphère. Là deux intérêts de l'ordre le plus élevé sont en présence, l'intérêt social et celui de l'accusé. Là l'objet du débat est livré à une double appréciation, qui est celle de l'instinct moral et de l'esprit juridique. Le juge applique la loi, ordonne l'acquittement ou prononce la peine; mais un simple membre du corps social, élevé momentanément au-dessus de lui-même par la grandeur de sa mission, et destiné aussitôt qu'elle sera remplie à se perdre dans la foule, proclame le cri intérieur de sa conscience. Craignons qu'en quittant ce domaine le jury ne perde le respect dont il jouit aux yeux des populations.

Le ministère public, tel qu'il est organisé, est une institution éminemment française. Au civil, il est la société elle-même, transformée en personnage actif auprès des tribunaux, formulant et motivant son opinion. Au criminel, il représente d'une manière plus directe encore la société elle-même, poursuivant sans haine comme sans crainte la répression juridique des actes attentatoires à l'ordre social. J'avoue que ce système me paraît plus élevé, plus digne d'une civilisation où les sentimens moraux l'emportent sur les intérêts matériels, que le système de l'Angleterre, qui consiste à laisser au citoyen lésé le soin de poursuivre le redressement du tort qui lui a été fait. Est-ce une garantie qu'en toute occasion un méfait ne restera pas impuni? L'individu isolé, livré à ses seules forces, placé en face d'un adversaire puissant par le rang et par la fortune, pouvant soutenir une longue lutte, ne se laissera-t-il pas intimider et ne reculera-t-il pas sous le sentiment de sa faiblesse? Ainsi une injustice aura été commise, une action déloyale, un crime même, auront pu s'accomplir sans aucune répression! N'est-ce pas contraire au principe même du pacte social, qui promet à chacun la protection collective de tous et le respect de ses droits personnels? Est-ce que les dommages-intérêts qui sont la conclusion de tous les débats en Angleterre peuvent satisfaire la justice telle que notre conscience la conçoit? On ne guérit point par un chiffre la blessure faite à la dignité humaine, on ne relève pas la considération d'un homme par une somme plus ou moins forte d'argent que l'on met à ses pieds. Si le jugement doit être autre chose, s'il est destiné à réparer le mal moral aussi bien que le mal matériel souffert par la partie plaignante, la société doit intervenir, car elle seule est capable non-seulement d'ordonner la réparation matérielle, mais de laver l'outrage subi. Pour assurer cette intervention de la société, il est indispensable que près de chaque tribunal et de chaque cour le ministère public constitue un corps homogène et permanent, animé d'un même esprit de droiture et de fermeté, formé de plusieurs membres qui s'entr'aident et se suppléent dans cette lutte où la justice sociale est en présence des passions qui la combattent ou la méconnaissent.

Je ne puis donc admettre avec M. Prevost-Paradol qu'on devrait supprimer les avocats-généraux et les substituts, laissant dans chaque affaire au procureur-général ou au procureur impérial le soin de confier à des avocats la redoutable mission de porter la parole au nom de la société. Cette manière de procéder est logique en Angleterre, puisque c'est par l'individu lésé que la poursuite est faite ; elle ne le serait pas en France. Le ministère public perdrait dans cette collaboration ses doctrines, son esprit de corps et son autorité. Quant au barreau, dans cette combinaison, il perdrait le trait qui le caractérise et l'honore le plus, son indépendance aussi bien vis-à-vis de la magistrature que vis-à-vis du gouvernement. Et dans les causes politiques pense-t-on qu'il y aurait grand empressement de la part des avocats les plus célèbres à se charger de la mission de demander la répression d'un délit, d'un acte répréhensible aux yeux des gardiens de la loi, mais que l'opinion excuse et quelquefois honore de ses applaudissemens ? Quand la cause serait populaire, les compétiteurs seraient nombreux, et le ministère public ne manquerait pas d'auxiliaires ; mais dans le cas contraire il serait obligé de confier les intérêts les plus sacrés de l'ordre public à des voix inexpérimentées dont l'impuissance ajouterait aux périls qu'il s'agirait de conjurer. Cette désertion au moment de la lutte serait déjà une défaite morale. Non, laissons au barreau son rôle, celui de défenseur des accusés. Qu'il n'abdique pas ce noble privilége pour devenir le solliciteur et l'obligé du parquet, pour mettre au service de l'accusation une voix qu'il se glorifie de ne faire entendre que pour la défense.

Certainement le pouvoir exécutif, chargé d'assurer l'exécution des lois, ne doit pas être dépouillé de toute action dans la composition des parquets. Il faut qu'il puisse, comme aujourd'hui, les surveiller, les contrôler, leur imprimer une direction supérieure, tout en les laissant aux inspirations de leur conscience quand ils parlent au nom de la loi ; mais ce serait dépasser le but que de donner au ministère de la justice le droit absolu d'en nommer et d'en révoquer les membres, ce serait faire de ce corps une dépendance de l'administration. Pourquoi n'aurait-on pas recours, pour le recruter, à un mode analogue à celui proposé pour la magistrature assise ? Pourquoi le choix du ministre de la justice ne s'enfermerait-il pas dans des listes de présentation formées d'un côté par les tribunaux et les cours intéressés, de l'autre par des représentans élus des populations, et, pour le parquet de la cour de cassation, parmi les candidats présentés concurremment par elle et par le sénat? Il serait bon d'ajouter à ces garanties l'obligation pour le ministre de faire connaître à ces corps respectifs les motifs de la révocation du magistrat du parquet nommé sur leur présentation. A ces conditions, le ministère public ferait apparaître de nouveau ces individualités puissantes par leurs vertus et leur éloquence qui ont été l'orgueil des parquets de l'ancienne France.

Poussé par la légitime ambition d'assurer toutes les garanties possibles à la liberté et aux droits individuels, M. Prevost-Paradol a été amené à examiner quelques-unes des dispositions de la procédure criminelle. D'accord avec lui sur les principes, je suis obligé à quelques réserves dans l'application qu'il en fait. Entre toutes les procédures qui s'engagent devant les tribunaux, la procédure criminelle a une importance particulière. Deux personnalités frappent tout d'abord les regards, l'accusé, appelé à rendre compte devant la société, au sein de laquelle il n'est qu'un imperceptible atome, d'un crime qui lui est imputé, et le président des assises, organe de la justice sociale, pouvant prononcer l'acquittement, mais aussi armé du droit redoutable de punir.

L'accusé est obligé de garantir à la société la représentation de sa personne, et il fournit cette garantie soit par la prison préventive, soit, si les circonstances le permettent, par un cautionnement. En retour, la société est tenue de respecter la liberté morale de l'accusé, de lui laisser, de lui procurer même les moyens de préparer sa défense. L'accusé a donc le droit d'être pourvu d'un défenseur dès le début de la poursuite. Il faut qu'il puisse sans obstacle communiquer avec son conseil, se faire diriger par lui pendant l'instruction, cela est hors de doute; mais faut-il que cette instruction soit publique? Je n'y vois pas d'intérêt pour l'accusé, j'y vois plutôt un danger. S'il est relaxé par une ordonnance ou un arrêt de non-lieu, il se félicitera de n'avoir pas été, même pendant quelques jours, signalé à l'attention; l'accusation sera connue en même temps que les motifs qui l'auront fait évanouir. Si au contraire l'accusé est appelé à comparaître devant la cour d'assises, une publicité antérieure n'aura pas enlevé au jury cette spontanéité d'impression qui doit être le caractère essentiel de son verdict. Ce que l'accusé, au nom de la liberté morale, au nom de sa dignité d'homme, a très certainement le droit de demander, c'est qu'on ne le torture point, pas plus moralement que physiquement, afin d'obtenir son aveu. Toute mesure de ce genre, habileté ou rigueur, doit être religieusement interdite. Si l'accusé est innocent, il n'a rien à avouer; s'il est coupable, la société, qui a tant de moyens d'information, n'a pas besoin de le contraindre à déposer contre lui-même. Il ne doit donc jamais être mis au secret, jamais non plus il ne doit être interrogé devant le jury. Un ensemble de questions subtilement liées les unes aux autres, savamment combinées, posées de sang-froid par une voix expérimentée qui emprunte une sorte de force d'intimidation à la fonction du magistrat, peut compromettre un innocent et conduit tout au plus le coupable au mensonge.

En même temps que la faiblesse de l'accusé inspire un intérêt compatissant, le président des assises frappe et saisit par la grandeur de sa mission. Organe impassible du droit, il ne doit jamais descendre des régions sereines de la justice pour se mêler au conflit de l'accusation et de la défense. Par cette même raison, il importe qu'il s'abstienne d'interroger les témoins, car cet interrogatoire peut facilement dégénérer en une manifestation d'opinion pour ou contre l'accusé. C'est à l'accusation et à la défense qu'appartient le soin de faire éclater la vérité en provoquant, en recueillant, en commentant les témoignages chacune à son point de vue. Il faut aussi retirer au président des assises la tâche de résumer les débats. Ce résumé incline presque nécessairement dans un sens ou dans l'autre, plus souvent dans le sens de l'accusation, et exerce une influence parfois décisive sur les délibérations du jury. Il faut lire les belles pages dans lesquelles M. Prevost-Paradol met en lumière ces abus. Elles sont écrites d'une main vigoureuse et reflètent l'émotion d'une âme honnête qu'anime l'amour de la justice et de l'humanité.

IV.

Je viens d'examiner successivement toutes les questions qui se posent à l'occasion de la fondation d'un gouvernement libre dans notre pays. Sur plusieurs, je me suis trouvé d'un avis différent de celui de M. Prevost-Paradol malgré l'estime que m'inspirent ses vues libérales et ses profondes convictions. Peut-être faut-il chercher la cause de ce désaccord dans la préoccupation qui semble avoir dominé tout son livre sur *la France nouvelle,* à savoir : poser les bases d'un gouvernement libre pouvant s'encadrer tout aussi bien dans la forme républicaine que dans la forme monarchique. Cette erreur systématique l'a conduit à fausser quelques-uns des ressorts de la machine constitutionnelle. Oui, certainement on peut obtenir la liberté par des institutions différentes : l'histoire nous montre des monarchies donnant ce résultat aussi bien que des républiques; mais faut-il en conclure que la forme importe peu? La con-

tradiction qui pourrait exister entre la constitution d'un peuple et
ses mœurs compliquerait singulièrement le problème, introduirait
dans le corps politique deux principes divergens qui travailleraient
constamment à produire en opposition l'un avec l'autre toutes leurs
conséquences.

Personne ne prétend que l'Angleterre est moins maîtresse de ses
destinées que l'Union américaine ne l'est des siennes. Cependant il
ne viendrait à la pensée d'aucun homme d'état de vouloir introduire
dans la constitution anglaise quelques-unes des conditions de la république américaine, et le citoyen des États-Unis qui tenterait d'importer à l'usage du président de l'Union quelques-unes des prérogatives, même les plus inoffensives, de la reine Victoria, passerait
pour un révolutionnaire de la pire espèce. La solution de ces questions de forme dépend dans une certaine mesure des précédens his-
toriques, des traditions des peuples, et aussi des tendances de leur
esprit et de leur imagination. Un architecte ne construira pas un
monument pour qu'il soit un temple ou une église; avant de l'en-
treprendre, il sera fixé sur la destination de l'édifice. Je regrette
que, pour établir le gouvernement de *la France nouvelle*, M. Prevost-Paradol n'ait pas choisi plus nettement les conditions de la
monarchie parlementaire ou de la république; son œuvre y aurait
gagné plus d'unité et d'harmonie.

L'histoire du premier empire, de la restauration et du gouvernement de juillet est en même temps l'histoire des efforts et des
sacrifices souvent renouvelés et toujours impuissans pour réaliser
la conciliation de l'ordre et de la liberté, cet idéal d'une société arrivée au plus haut degré de civilisation. Pourtant est-il juste de
dire, comme le fait M. Prevost-Paradol, que ces échecs soient exclusivement dus aux passions et aux fautes des gouvernemens qui
se sont succédé chez nous? Croit-on qu'avec des mœurs plus viriles,
plus en accord avec les conditions d'un état libre, qu'avec un sens
pratique plus ferme, une volonté plus opiniâtre, la nation française
n'aurait pas imprimé aux événemens une autre direction, et fait
triompher un régime libéral? Si la France avait aimé la liberté un
peu plus que la gloire, l'empereur Napoléon Ier n'aurait pas réussi
à en faire la complice de son ambition et à la traîner sur tous les
champs de bataille de l'Europe à la poursuite de la souveraineté uni-
verselle. Si la patience était une vertu de notre caractère national,
si le culte de la loi était pratiqué chez nous comme il l'est en Angleterre, la France ne pouvait-elle pas, après avoir châtié l'attentat
contre la charte du roi Charles X, se remettre à son œuvre libérale,
sans augmenter ses difficultés par l'établissement d'une nouvelle
dynastie et l'exclusion des élémens conservateurs? Se borner à dé-

clarer que tous les malheurs, tous les échecs, sont imputables aux gouvernans seuls et en rien aux gouvernés, c'est se montrer plus poli pour le peuple français que soucieux de lui dire toute la vérité. C'est sous cette même préoccupation que M. Prevost-Paradol attribue uniquement à des fautes de gouvernement le renversement du trône du roi Louis-Philippe et la proclamation de la république en 1848. Est-ce parce qu'un prince intelligent, animé du désir de maintenir la paix en Europe pour éviter à la France les périls et les hasards d'une guerre de coalition, cherchait à influer sur la politique extérieure de son gouvernement, est-ce parce qu'un ministère d'accord avec le roi et la majorité des chambres était au pouvoir depuis sept ans, est-ce parce que le corps électoral trop restreint n'était plus en harmonie de sentimens et d'intérêts avec le reste de la nation, est-ce enfin parce que la chambre des députés, par le trop grand nombre de fonctionnaires qui siégeaient sur ses bancs, n'était plus qu'un instrument docile entre les mains du pouvoir, que l'on peut expliquer et justifier la révolution de février et la mettre à la charge de ceux qui gouvernaient? Non. Sans nier l'influence de ces causes, on peut affirmer qu'avec d'autres mœurs, un autre esprit public, une plus saine appréciation des droits et des devoirs politiques, cette révolution aurait pu être évitée. L'Angleterre n'a-t-elle point passé par les mêmes difficultés et par les mêmes épreuves? Elle ne les a surmontées que grâce aux vertus que nous n'avons pas, et sans recourir aux violences auxquelles nous faisons appel dès que nous rencontrons un obstacle ou un défaut de logique dans l'application des principes de notre constitution. Les règnes des George en Angleterre ne sont qu'une série de luttes entre la couronne et le parlement. Quant à ces longues administrations qui finissent par fatiguer l'attente des partis et les pousser à des résolutions violentes, ce n'est point par des périodes de sept et de dix ans qu'elles se mesurent; Walpole a gouverné pendant dix-sept ans, William Pitt pendant vingt et un ans, et les Anglais n'ont pas vu là des cas de révolution.

Un peuple qui aurait la passion de pousser sa fantaisie et son droit jusqu'à l'extrême me paraîtrait peu propre à pratiquer le régime libéral que je viens d'esquisser. Nous en avons fait l'expérience à deux époques solennelles de notre histoire contemporaine. En 1828, sous le ministère Martignac, une loi sur l'organisation municipale et départementale fut présentée. Elle témoignait des tendances libérales du cabinet; mais elle ne réalisait pas toutes les espérances du parti victorieux dans les élections : on ne voulut pas se contenter de ce progrès relatif, et la loi fut repoussée. Ce fut pour Charles X le prétexte de dire et de croire que la majorité de la

chambre ne voulait pas des réformes, qu'elle voulait une révolution. Il s'arma en guerre de son côté, chercha des commentateurs
au fameux article 14 de la charte, et forma le ministère Polignac,
qui exécuta quelques mois après le coup d'état. En 1847, l'opposition, vaincue dans les élections, n'ayant plus d'espoir dans le pays
légal, organise ce qu'on a appelé la campagne des banquets, et
s'adresse aux multitudes. C'était son droit. Elle pouvait provoquer
la population à manifester par toute sorte de moyens que son sentiment n'était pas d'accord sur la politique du gouvernement avec
l'opinion des colléges censitaires ; mais les réunions qui eurent lieu
à cet effet ne conservèrent pas longtemps le caractère constitutionnel. Le toast au roi fut supprimé des banquets, et la question légale fut soulevée; ces réunions ne se tenaient-elles pas en violation
flagrante de la législation existante? On pouvait déférer la question
aux tribunaux; l'opposition préféra maintenir son prétendu droit.
Ainsi le 24 février, au lieu d'une solution judiciaire, on eut une révolution. La logique exerce une véritable tyrannie sur l'esprit public
français. On croit n'avoir rien fait quand on n'a pas tout fait; le
temps est un ingrédient dont nous ne savons pas nous servir, il
faut que l'œuvre politique s'accomplisse comme un changement à
vue. Lentement et patiemment élaborée, elle fatigue l'attention publique et perd toute valeur.

Supposons d'autres mœurs, des habitudes de légalité dans la nation; supposons qu'au lieu d'écarter la décision judiciaire à propos
des banquets, l'opposition s'y fût prêtée, que serait-il arrivé? Si
l'interprétation de l'opposition était acceptée, le droit de réunion
était conquis; dans le cas contraire, c'était une lacune à combler
dans la législation. Quant aux réformes électorales et parlementaires, pourquoi l'opposition ne cherchait-elle pas à les appuyer par
tous les moyens de publicité dont elle disposait? Pourquoi n'orga-
nisait-elle pas l'agitation dans le pays, comme disent les Anglais?
pourquoi ne faisait-elle pas couvrir de signatures des pétitions con-
statant que telle était la volonté des populations? Les résistances les
plus obstinées finissent toujours par céder devant un courant d'opinion vraiment populaire. Par malheur, jamais une idée n'a le temps
de mûrir en France. Combien d'années l'Angleterre n'a-t-elle pas
employées à débattre les questions de la suppression de la traite
des noirs, de l'affranchissement des esclaves, de la réforme parlementaire, de l'émancipation des catholiques d'Irlande avant de les
mener à une solution! Voilà les véritables causes de nos révolutions
successives. L'esprit français franchit d'un seul bond la distance
pour atteindre logiquement le but de ses aspirations. Il faut renoncer à toute illusion, il faut dire à nos concitoyens qu'ils ont beau-

coup à acquérir pour être doués des vertus qui font les peuples libres.

Arrivés à la fin de cette étude des conditions d'un gouvernement libéral, nous nous trouvons en présence d'un sénatus-consulte qui va être discuté. Il contient les élémens essentiels de l'œuvre que nous allons reprendre à nouveau, celle de constituer définitivement la liberté dans notre pays. Il n'atteint pas complétement le but que nous avons signalé, mais il donne les moyens de l'atteindre. C'est à nous de nous en servir. L'initiative parlementaire restituée au corps législatif est l'arme la plus puissante pour conquérir jour par jour les autres franchises, pour accomplir les autres progrès, sans lesquels notre œuvre constitutionnelle ne serait pas digne de l'état de civilisation auquel la France est arrivée. Cette entreprise est grande, aussi grande qu'elle l'était quand elle fut abordée pour la première fois en 1789. Comme alors, peut-être plus qu'alors, nous avons besoin de foi dans notre force, nous avons besoin de croire à notre droit, de nous animer de cette émotion patriotique qui enflammait nos pères quand ils recherchaient avec tant d'ardeur et de sincérité les formes de gouvernement qui répondaient le mieux aux intérêts et à la dignité des peuples. Nous devons aussi ne pas méconnaître les leçons d'une expérience trop douloureusement acquise. Nous devons nous occuper à répandre partout les idées les plus conformes aux institutions que nous voulons donner à notre pays, y entretenir la vie politique en l'alimentant par la discussion, par les réunions publiques, par la presse et les associations, réveiller l'initiative individuelle, rappeler sans cesse aux citoyens qu'en même temps qu'ils exercent leurs droits ils ont des obligations à remplir, que, s'ils ont leur part légitime d'influence, ils ont aussi leur part de responsabilité dans les destinées de la patrie, que le moment n'est plus où ils pouvaient dans un silencieux égoïsme s'en prendre au gouvernement des insuccès et des mécomptes d'une politique personnelle. Sans cette résolution énergique, sans ces vertus viriles, sans cette croyance en l'avenir, le mot d'ordre de Septime Sévère, ce *laboremus* qu'une voix éloquente et honorée de tous a répété de notre temps (1) pour réveiller dans nos cœurs le courage et la foi aux principes de la révolution française, ne sera qu'une parole vaine qui s'éteindra dans l'indifférence et l'apathie des générations.

____

(1) Discours de M. le duc de Broglie à l'Académie française.

www.ingramcontent.com/pod-product-compliance
Lightning Source LLC
Chambersburg PA
CBHW051733050726
47598CB00003B/1172